AF711299

PRESENTADO A:

Una Mujer Especial

POR:

Pastora Yeiny

FECHA:

Dic. 8, 23

TIEMPO de VIVIR FELIZ

Descubre el contentamiento y la conexión en un mundo loco

ALLI WORTHINGTON

Unilit

Publicado por
Unilit
Medley, FL 33166

© 2019 Unilit
Primera edición 2019

© 2018 por *Alli Worthington*
Título del original en inglés:
The Year of Living Happy
Publicado por *Zondervan*, en asociación con la agente literaria Jenni Burke de *D. C. Jacobson & Associates LLC*, una empresa dedicada a la representación de autores. www.dcjacobson.com.
Published by arrangement with The Zondervan Corporation L.L.C, a division of HarperCollins Christian Publishing, Inc.

Traducción: *Rebeca Fernández*
Edición: *Nancy Pineda*
Diseño interior: *Mallory Collins*
Imagen de la cubierta: *shuttertsock.com*

Reservados todos los derechos. Ninguna porción ni parte de esta obra se puede reproducir, ni guardar en un sistema de almacenamiento de información, ni transmitir en ninguna forma por ningún medio (electrónico, mecánico, de fotocopias, grabación, etc.) sin el permiso previo de los editores.

A menos que se indique lo contrario, el texto bíblico se tomó de la Santa Biblia, Nueva Versión Internacional ® NVI®
Propiedad literaria © 1999 por Bíblica, Inc.™
Usado con permiso. Reservados todos los derechos mundialmente.
Las citas bíblicas señaladas con (LBLA) son tomadas de *La Biblia de las Américas*®. Copyright © 1986, 1995, 1997 por The Lockman Foundation. Usadas con permiso. www.lbla.org.
El texto bíblico indicado con «NTV» ha sido tomado de la *Santa Biblia*, Nueva Traducción Viviente, © Tyndale House Foundation 2008, 2009, 2010. Usado con permiso de Tyndale House Publishers, Inc., 351 Executive Dr., Carol Stream, IL 60188, Estados Unidos de América. Todos los derechos reservados.

Cualquier dirección de internet (sitios webs, blogs, etc.) y números de teléfono en este libro se ofrecen como recurso. No están destinados en modo alguno a ser un reconocimiento ni a sugerir el mismo, pues Unilit no garantiza el contenido de estos sitios y números durante la vigencia de este libro.

Producto: 495909
ISBN: 0-7899-2456-0 / 978-0-7899-2456-8

Categoría: Inspiración / Motivación / General
Category: Inspiration / Motivation / General

Impreso en China
Printed in China

CONTENIDO

TERCERA PARTE: LA FELICIDAD EN EL AQUÍ Y AHORA

CUARTA PARTE: BUENAS AMIGAS Y CORAZONES FELICES

QUINTA PARTE: ENCUENTRA TU PENSAMIENTO FELIZ

SEXTA PARTE: FELIZ EN UN MUNDO DE LOCOS

SÉPTIMA PARTE: CUANDO LA FELICIDAD ES DIFÍCIL

OCTAVA PARTE: SALUDABLE, FELIZ, COMPLETA

NOVENA PARTE: ELIGE LA FELICIDAD

DÉCIMA PARTE: EL PODER DE LAS PALABRAS FELICES

UNDÉCIMA PARTE: UN CORAZÓN FELIZ ES UNA BUENA MEDICINA

DUODÉCIMA PARTE: EDIFICA UNA VIDA FELIZ

UNA NOTA DE ALLI

Querida amiga:

¡Me emociona pensar que vas a embarcarte en este viaje hacia la felicidad! Creo que, como mujeres de Dios, tenemos el llamado a ser faros de luz, esperanza y también *felicidad* en este mundo oscuro. El mundo necesita que proclamemos el evangelio y que lo hagamos con mucha alegría.

Solía pensar que la búsqueda de la felicidad era algo superficial, que la felicidad y la santidad se excluían entre sí. No obstante, ahora comprendo que ambas van de la mano. Este trabajo de buscar la felicidad auténtica es importante, y es santo. Cuando buscamos las cosas que producen la verdadera felicidad, encontramos a Dios. Y cuando vivimos la vida para la que nos creó Dios, confiando en Él con firmeza y obediencia en todos los aspectos de la vida, somos más felices.

El gozo profundo y la vida feliz no dependen de los acontecimientos del diario vivir, y no son superficiales. A medida que buscamos al Señor y nos deleitamos en todo lo que Él tiene para nosotras (sin importar nuestras circunstancias), no solo cambiamos, sino que comenzamos a cambiar a todos los que tienen contacto con nosotras.

Mi deseo es que *Tiempo de vivir feliz* pueda unir la verdad de la Escritura y lo mejor de las investigaciones modernas, a fin de que se convierta en una guía hacia la verdadera felicidad.

Coleccioné todas mis investigaciones, reflexiones y verdades favoritas para hacer un mapa de carretera que te resulte útil a medida que comienzas la importante travesía para escoger la felicidad en tu vida.

Como mujeres de Dios, luchemos por la felicidad auténtica y enseñemos a nuestras familias, amigas y comunidades mediante nuestro ejemplo.

Mientras empezamos juntas este viaje a la felicidad, mi oración es para que descubras nuevas verdades, aprendas algunos trucos muy útiles y abras los ojos a la importancia de la felicidad santa.

Con todo mi amor,

1

HECHA PARA SER FELIZ

¡Te crearon para experimentar el gozo!

LAS RAÍCES DE LA FELICIDAD

Tengo una amiga muy dulce que siempre dice: «Chica, mi felicidad tiene raíces profundas».

Sin importar las circunstancias de su vida, buenas o malas, me recuerda que su felicidad tiene su raíz mucho más allá de las pruebas temporales del diario vivir, en la bondad eterna de Dios. Siempre me asombra la forma en que responde a lo que la vida le lanza; ya sea una cazuela ardiendo o unos huesos rotos, siempre se lo toma con calma y con alegría.

Me encanta la expresión de mi amiga porque me recuerda que la felicidad es algo que Dios quiere para mí. Está bien que desee ser feliz, pues ese también es el deseo de Dios para mí.

Además, es un gran recordatorio de que Dios desea que permanezcamos arraigadas en Él para tener vidas felices y plenas que produzcan frutos maravillosos. Como cristianas, tenemos permiso para ser felices; solo necesitamos tener en cuenta que la verdadera felicidad solo viene de Dios. No surge de nuestras posesiones materiales, relaciones o circunstancias.

Cuando nuestra felicidad tiene raíces profundas, esas raíces nos permiten atravesar las sequías y las tormentas de la vida. Nos permiten confiar en la bondad de Dios y producir frutos deliciosos que reflejen el corazón de nuestro amoroso Salvador, Jesús. Jeremías 17 nos dice: «Bendito es el hombre que confía en el SEÑOR, cuya confianza es el SEÑOR. Será como árbol plantado junto al agua, que extiende sus raíces junto a la corriente; no temerá cuando venga el calor, y sus hojas estarán verdes; en año de sequía no se angustiará ni cesará de dar fruto» (vv. 7-8, LBLA). En resumen, nuestras raíces profundas nos permiten vivir vidas felices.

Mi oración por ti hoy es para que tu felicidad tenga raíces profundas. Y mi oración por ti este año es que tus raíces crezcan de manera tan profunda hacia la bondad eterna de Dios que cambies para siempre.

Hoy, abre tu Biblia en Jeremías 17:7-8, anota la fecha allí o debajo, y escribe la frase: «Mi felicidad tiene raíces profundas». Considera hacer algunos garabatos o dibujos alrededor de la frase para ayudarte a que penetre aún más en tu cerebro[1].

____

____

____

LA FELICIDAD ES UNA META QUE VALE LA PENA

Cuando era niña, recuerdo que me enseñaron que la palabra gozo se deletrea [en inglés] «J-O-Y»: Jesús, otros y yo. Esto era un recordatorio de que la felicidad es el resultado de tener las prioridades adecuadas, y eso es muy cierto. Sin embargo, tal parecía que el gozo siempre se oponía a la felicidad. Mientras el gozo era piadoso y espiritual, la felicidad era superficial y egoísta. No obstante, a medida que seguí caminando con Jesús, llegué a entender que querer seguir a Dios y ser feliz eran cosas que no se excluían entre sí.

Nuestra felicidad (y nuestro gozo) están unidos a lo que más deseamos. Nuestro problema con la búsqueda de la felicidad es que tratamos de encontrarla en cosas que no pueden sustentarla. Sin embargo, cuando deseamos encontrar nuestra felicidad en Dios, accedemos a un pozo de gozo que no se agotará.

La Escritura nos dice: «Deléitate en el Señor, y él te concederá los deseos de tu corazón» (Salmo 37:4). Solía pensar que eso significaba que Dios me daría cualquier cosa que quisiera si yo le parecía lo bastante feliz. Ahora me he dado cuenta de que cuando encuentro mi felicidad en Dios, Él será el deseo de mi corazón. Y cuando Él es el deseo de mi corazón, mi felicidad no me abandona nunca.

Dios nos diseñó para que buscáramos la felicidad en Él y para que quisiéramos tener la fuente de nuestra felicidad en Él. Como dijo John Piper: «Dios se glorifica más en ti a medida que tú te encuentras más satisfecho en Él»[1].

Piensa en tus ideas acerca de la felicidad. ¿Te has permitido ser feliz? Ora y pídele al Señor que te ayude a encontrar tu felicidad en Él y a vivir de acuerdo a sus leyes. Anota cualquier pensamiento que tengas o perspectivas que te dé Él.

APRECIA CÓMO TE CREARON DE MANERA ÚNICA

Una vez escuché que si sabíamos quién Dios deseaba que fuéramos, nunca querríamos actuar como otra persona. Hasta celebraríamos nuestras inseguridades. Nos veríamos de la forma que nos ve Dios. No veríamos nuestras peculiaridades como defectos, sino que empezaríamos a verlas como parte del diseño único que Dios usó cuando nos creó.

A veces, es muy fácil pasar por alto el diseño único con el que nos creó Dios, en especial cuando empezamos a comparar nuestro diseño con el de otras personas. ¿Acaso no sabe Dios que seríamos mucho más felices si fuéramos un poquito más proporcionadas, o quizá más artísticas, o tal vez si tuviéramos menos temor de hablar en público? Sin embargo, con todas nuestras características únicas, Dios nos concedió a cada una de nosotras una manera exclusiva de vivir una vida que lo glorifique.

Permítete ser la persona única que Dios te creó para que fueras, y rodéate de quienes te aman por lo que eres en realidad. Permítete la libertad que viene de no tener que estar a la altura de las expectativas de otras personas sobre cómo debería ser tu vida.

Una de las cosas que más lamentan las personas al final de la vida es: «Me hubiera gustado tener el valor de vivir la vida fiel a mí misma, no la vida que otros esperaban de mí». Podemos descansar en la seguridad de que Dios sabía con exactitud lo que hacía cuando nos formó a cada una de nosotras. Aprende a expresarle: «¡Te alabo porque soy una creación admirable! ¡Tus obras son maravillosas, y esto lo sé muy bien!» (Salmo 139:14).

Anota todas las cualidades que puedas pensar de ti misma... sí, todas. Dale gracias a Dios por cada cosa que anotaste en la lista. Dale gracias porque eres una creación admirable. Aceptar tu singularidad te enseña a ser feliz tal como eres.

CREADAS PARA LA CREATIVIDAD

Cuando por primera vez tuve la idea de que quería escribir un libro, me emocioné y aterroricé al mismo tiempo. Por una parte, me entusiasmaba la posibilidad de crear algo que pudiera beneficiar a otros. Por otra parte, sin embargo, cuando pensé en el hecho de que las personas iban a leer de veras mi libro, parecía intimidante y abrumador. ¿Qué tal si no estaban de acuerdo conmigo? ¿Qué tal si pensaban que era una escritora terrible? La idea de exponerme a esa clase de juicio era casi más de lo que podía soportar.

Era como estar en lo alto del trampolín y tomar la decisión de saltar o bajar con humildad a una altura más cómoda. Una opción estaba llena de incertidumbre y posibilidades, mientras que la otra era confiada y segura.

Quizá tú también hayas estado ahí, con miedo de hacer el clavado, pero sin deseos de retroceder y bajar por la escalera.

En esos momentos cuando nuestros temores nos paralizan en la incertidumbre, recordemos que nuestro Creador nos hizo a su imagen creativa. El libro de Éxodo nos recuerda: «[Él nos] ha llenado del Espíritu de Dios, de sabiduría, inteligencia y capacidad creativa» (35:31). Nos crearon para hacer cosas, para innovar y ejercitar los dones únicos que Dios imprimió en nosotros.

Hoy, haz algo creativo. Pinta, escribe un poema, dibuja, teje; haz lo que tu corazón sueña hacer. Después, ¡arriésgate y muéstraselo a alguien!

DA UN PASO HACIA TU PASIÓN

¿Te acuerdas cuando apenas empezabas a vivir? En ese entonces, parecía que la vida te presentaba oportunidades y posibilidades ilimitadas. Ahora, en cambio, tal vez se sienta como si ya hubieras tomado tus grandes decisiones en la vida y que quizá perdieras tus oportunidades.

Déjame asegurarte que nunca es demasiado tarde para comenzar algo nuevo[1].

¿Cómo lo sé? Lo sé porque la historia está llena de muchos ejemplos de personas que vivieron su pasión cuando ya no eran tan jóvenes. Benjamín Franklin descubrió las propiedades de la electricidad cuando tenía cuarenta años[2]. Julia Child hizo su debut en la televisión a los cincuenta y uno[3]. Y J.R.R. Tolkien publicó *El señor de los anillos* cuando tenía sesenta y dos[4].

También estaba Abraham. Tenía setenta y cinco años cuando Dios lo llamó para que fuera a la tierra de Canaán y le prometió descendencia, aunque su esposa, Sara, no era mucho más joven. Habían pasado años soñando con lo que sería tener una familia y entonces Dios les prometió hijos a la edad madura de setenta y cinco, y sesenta y cinco años, ¡pero no les dio su primogénito hasta que Abraham cumplió cien años y Sara noventa!

Piensa en lo que sería tener una promesa de Dios que no se cumpliría hasta veinticinco años después. No obstante, Abraham pasó cada uno de sus días dando un paso tras otro hacia las promesas que Dios tenía para él. Abraham entendía lo que el salmista quiso decir cuando escribió: «El Señor afirma los pasos del hombre cuando le agrada su modo de vivir» (37:23).

Si hay algo que podemos aprender de Abraham es que Dios tiene aventuras para ti en cada etapa de la vida. Te creó para que lo conocieras, lo amaras y encontraras tu plenitud (y tu felicidad) siguiendo las pasiones y los sueños que te ha dado Él. Nunca es demasiado tarde para dar el siguiente paso.

¿Hay algún sueño que tienes desde hace tiempo, pero que temes dar un paso para lograrlo? Tal vez sea un gran sueño; tal vez sea un pequeño sueño. Cualquiera que sea, escribe ese sueño aquí. Luego, escribe cómo crees que podría ser tu vida cuando ese sueño se convierta en realidad.

¿CUÁLES SON TUS VERDES PASTOS?

Todo el mundo se recarga de una manera diferente. En lo personal, me gusta entonar canciones de adoración, acurrucarme con mi familia y ver películas, y leer libros inspiradores. Esa es mi versión de descansar en verdes pastos.

Cuando la vida me acorrala demasiado, sé que siempre puedo desconectarme y recargarme a través de estas actividades. En esos pequeños momentos, cuando me reconecto con Dios y con los demás, siento que un flujo constante de paz (y felicidad) llena mi vida.

En los Salmos, David se refiere a Dios como el pastor que lo guía hacia la paz. David dice: «En lugares de verdes pastos me hace descansar; junto a aguas de reposo me conduce. Él restaura mi alma» (Salmo 23:2-3, LBLA).

Para ser sincera, me alegra que las cosas que David menciona aquí no sean tan literales. (¡Dame las comodidades cualquier día que no incluyan las picaduras de insectos y la protección solar!). Sin embargo, en la esencia de lo que dice David está la conciencia del deseo de Dios de que encuentre momentos de paz, descanso y felicidad en su Pastor.

Dios nos creó a todos muy diferentes, lo que significa que todos tenemos nuestros verdes pastos. Para algunos, son las siestas en la hamaca que está en el patio. Para otros, es una noche tranquila con un libro. Tal vez para ti sea una cena grande y animada con buenos amigos. Para todos nosotros, es aprovechar los momentos en los que Dios nos conduce a beber con abundancia de su bondad.

Así que, ¿cuáles son tus pastos verdes? ¿Ha pasado tanto tiempo desde que te permitiste un simple descanso que tal vez ni lo recuerdes siquiera? Pregúntate esto: *¿Qué me hace sentir pleno, tranquilo y feliz?* Hoy, toma la decisión de acostarte en tus verdes pastos y deja que tu alma se restaure.

____

____

____

____

____

LA IMPORTANCIA DE LOS GUARDARRAÍLES

Hace poco, conducía a lo largo de la costa de California... ¡agarrada al volante como no te puedes imaginar! Verás, algunas partes de la costa de California son bastante montañosas, con mortales despeñaderos alrededor de curvas muy cerradas que siguen los giros del océano. Quizá dé miedo durante el día, pero en la noche es aterrador. (¿Mencioné que el sol se estaba poniendo?).

Si no fuera por los guardarraíles que están a lo largo de todo el borde de esa carretera, el camino sería traicionero e implacable incluso ante el menor de los errores.

¿Sabes lo gracioso de los guardarraíles? La mayoría de nosotros no les prestamos atención hasta que los necesitamos. Nunca he escuchado a nadie decir: «¿Sabes lo que detesto cuando estoy conduciendo? Detesto los guardarraíles. ¡Son lo peor!». Qué va. Ninguna persona se me ha quejado alguna vez de los guardarraíles. Es más, la única vez que escuché a alguien hablar de un guardarraíl fue cuando uno le salvó la vida.

Sin embargo, cuando alguien saca a relucir la idea de tener guardarraíles en otros aspectos de la vida, a menudo nos toma por sorpresa. Ya sea que se trate de guardarraíles para nuestro matrimonio, nuestros hijos, nuestra carrera o nuestro horario, la idea de que nuestra libertad se pueda ver restringida por alguna clase de limitación es una pastilla difícil de tragar para muchas de nosotras.

No obstante, así como los guardarraíles evitan los desastres en la carretera, los guardarraíles que Dios nos da evitan los desastres en nuestra vida. Dios, en su sabiduría, coloca guardarraíles a lo largo de nuestro camino para mantenernos enfocadas, dependiendo de Él y moviéndonos en la dirección adecuada hacia la vida para la que nos crearon. Incluso, antes de que diéramos nuestro primer suspiro, Dios estableció esos límites para nuestro bien. El libro de los Salmos nos dice: «Tus ojos vieron mi cuerpo en gestación: todo estaba ya escrito en tu libro; todos mis días se estaban diseñando, aunque no existía uno solo de ellos» (139:16). Si bien quizá parezca que esos guardarraíles nos impiden llegar a lo que pensamos que nos hará felices, Dios sabe que sin ellos nunca conoceríamos la vida feliz que planeó para nosotras.

Sus guardarraíles son para nuestro bien, a fin de mantenernos seguras en el centro de su voluntad, donde no es de extrañar que también se encuentre nuestra felicidad.

Pregúntate hoy: ¿dónde has visto que Dios puso guardarraíles en tu vida? ¿De qué manera esos guardarraíles te protegieron del desastre?

UN ESPÍRITU MANSO

Antes pensaba que tener un espíritu manso significaba que debía ser aburrida. Un espíritu manso significaba que no causaba problemas diciendo algo a propósito que pudiera ofender a alguien. Para mí, significaba que no hablara ni me expresara, así que casi nunca decía nada. Créeme, me tomaba muy en serio lo del «espíritu suave y apacible». Todo lo que te puedo decir es que un espíritu manso significaba vivir una vida cristiana muy aburrida.

Tiempo después una mentora me explicó que interpretaba de manera errónea 1 Pedro 3:4, que dice: «Que su belleza sea más bien la incorruptible, la que procede de lo íntimo del corazón y consiste en un espíritu suave y apacible. Esta sí que tiene mucho valor delante de Dios». Me dijo: «Alli, confundiste lo de tener un espíritu suave y apacible con tener una personalidad suave y apacible».

Para muchas de nosotras, esta definición no encaja con la imagen que nos viene a la mente cuando pensamos en tener un espíritu suave y apacible. Sin embargo, Dios nos hizo como somos por una razón.

De mi mentora aprendí que la mansedumbre no significa ser poderosa en mí misma, sino en Dios. Si nuestro poder encuentra su fuente en la fortaleza del Salvador, procurando servir a otros en vez de dominarlos, vivimos la vida cristiana poderosa que se supone que debemos vivir.

Creo que somos más felices cuando vivimos la vida de acuerdo a la personalidad que Dios nos dio. Hoy, ¡atrévete a ser la persona para la que te creó Dios! Él desea que vivas de manera poderosa el propósito que puso en ti.

¡Las mujeres mansas son mujeres fuertes que encuentran su fortaleza en Dios!

¿Qué te viene a la mente cuando piensas en una «cristiana mansa»? Pídele al Señor que te revele la verdad de lo que significa vivir con poder el propósito dado por Él.

REFLEXIÓN

2

LA SANTIDAD ES LA FELICIDAD

Cuando la santidad es tu meta,
le puede seguir la felicidad.

NO PERMITAS QUE EL ORGULLO ENVENENE TU FELICIDAD

En los meses siguientes a la publicación del libro *Breaking Busy*, me sentía anonadada por la manera en que lo recibieron y por todos los increíbles halagos que las personas dijeron con respecto al libro. Toda la experiencia era como un sueño. El hecho de escribir y publicar un libro era lo bastante loco, y después de saber que a tantas personas les había resultado útil y alentador, era más de lo que nunca habría esperado.

Sin embargo, como cualquier otra cosa, el libro no era para todos, y no todo el mundo pensaba que era tan bueno. Además, para ser transparente por completo, las críticas me afectaron. Me afectaron mucho. De sentirme honrada de que alguien leyera y pensara que mi libro le fue útil, pasé a sentirme amenazada y humillada cuando a alguien no le gustaba mi obra.

Después de la lluvia de comentarios positivos, las críticas afectaron mi orgullo y envenenaron por completo mi felicidad. Por tanto, cuando alguien dejaba un comentario negativo, Orgullo decía: «Alli, al parecer esas personas no se dan cuenta de lo mucho que este libro puede ayudarlas. Está claro que no lo entienden».

El orgullo nos susurra mentiras que dicen que merecemos algo mejor, que estamos por encima de otras personas y, lo peor de todo, que merecemos su alabanza. El orgullo se sienta a nuestro lado y nos dice que debemos tener más. Así que, ¡déjame decirte que mi orgullo se llevó lo mejor de mí durante esa época!

No obstante, en su bondad, el Señor me reveló su verdad en Proverbios 11:2: «Con el orgullo viene el oprobio; con la humildad, la sabiduría». Fue humillante para mí admitir que el orgullo había acabado con lo mejor de mí. Sin embargo, cuando lo reconocí y le pedí al Señor que me ayudara a ser humilde, aprendí a contentarme tanto con los comentarios buenos como con los malos.

El orgullo envenena nuestra habilidad de conocer la felicidad que produce el contentamiento. La humildad, en cambio, es la tierra donde crece la felicidad. Nos permite llenarnos de gratitud por la maravilla de la bondad de Dios en nuestra vida.

Pídele a Dios que te dé una lección de humildad y te muestre dónde tu orgullo envenenó tu felicidad. Debido a que la humildad es el suelo donde crece la felicidad, ¡siembra algunas semillas y observa cómo florece tu tiempo de felicidad!

DIOS SIEMPRE ESTÁ DE TU LADO

Parece que padezco de pérdida de la memoria a corto plazo cuando se trata de recordar la fidelidad de Dios en mi vida. A pesar de las innumerables veces que he sufrido por mis circunstancias, esperado en Dios para actuar y visto con total asombro cómo Él me proveía una y otra vez, cuando la vida parece inestable, mi primera respuesta no suele ser la de confiar en Dios, sino la de cuestionar lo que hace.

¿Experimentas esto también? Cuando nuestro pequeño mundo se tambalea, ¿nos apresuramos a señalar el viento y las olas, pero pasamos por alto a Aquel que calma a los dos? Es muy fácil olvidar que Dios está con nosotras, que está a nuestro favor, y que hizo, hace y hará que todas las cosas obren para nuestro bien.

En Romanos 8:28, el apóstol Pablo dice: «Sabemos que Dios dispone todas las cosas para el bien de quienes lo aman, los que han sido llamados de acuerdo con su propósito». Esto significa que, a pesar de lo que puedan decirnos nuestras circunstancias presentes y de la ansiedad de nuestros corazones, nuestro Dios está con nosotras y a favor de nosotras. No sé a ti, ¡pero esto me hace querer caminar sobre el agua!

Incluso cuando parece que nuestras vidas están muy lejos de su propósito, nada está fuera de su alcance. Nuestro Dios permanece fiel a nosotras.

Pasa algún tiempo hoy dándole gracias a Dios por sus buenos propósitos contigo. Mientras oras, anota las veces en las que puedas recordar su fidelidad hacia ti.

DESAYUNO CON JESÚS

Pedro es mi discípulo favorito debido a que obviamente era un ser humano lleno de imperfecciones. (¡Vaya, me puedo identificar con Pedro!). Después de negar tres veces que conocía a Jesús, se sintió devastado (y con razón) por completo. Al creer que había terminado su tiempo de discípulo, regresó a su modo de vida anterior como pescador. (¿Acaso no es como todas nosotras? Cuando nos sentimos perdidas, volvemos de inmediato a nuestras viejas costumbres. Sin embargo, incluso cuando lo hacemos, ¡Dios continúa buscándonos!).

Cuando Pedro se sentó en su barca, junto con los otros discípulos, se sintió perdido. ¡No solo no pudo acudir en ayuda de Jesús en el momento que más lo necesitaba, sino que ahora tampoco podía pescar! Estuvo pescando toda la noche y no tenía nada que mostrar.

Entonces, desde la orilla, un hombre les dice que lancen la red al otro lado de la barca. La lanzaron al otro lado de la barca y atraparon ciento cincuenta y tres pescados.

Juan, que estaba con Pedro en la barca, dijo que quien estaba en la orilla era el Señor, y Pedro saltó al agua para ir al encuentro de Jesús. Pedro no se quedó estancado en sus propios fracasos en esa barca. No iba a perder ni un minuto más para regresar a los brazos de Jesús.

Cuando Pedro llegó a la orilla donde estaba Jesús, estoy segura de que esperaba que Jesús estuviera enojado. En cambio, encontró a Jesús listo para recibirlo de nuevo en su gracia, ¡y con un desayuno caliente para rematar!

¿Con qué frecuencia hacemos esto en nuestras propias vidas? Somos muy rápidas en sustituir las palabras llenas de gracia de Jesús con la condena que sentimos que debemos recibir por nuestros errores. ¡Olvidamos que debido a Jesús ya no hay ninguna condenación para nosotras! Jesús recibió nuestro castigo a fin de que pudiéramos recibir su amor. Romanos 8:1 afirma esto para nosotras: «Por lo tanto, ya no hay ninguna condenación para los que están unidos a Cristo Jesús».

Jesús está ahí para recibirnos de regreso cuando cometemos errores. ¡Se encuentra en la orilla preparado para amarnos!

Piensa en una ocasión en la que pasaste tiempo castigándote por un error. Ahora, imagina lo que te diría Jesús. Escríbete una carta en su nombre donde Él te dice lo que siente por ti. Recuerda, al igual que con Pedro, Jesús no está ahí para condenarte, sino para amarte.

LA PROTECCIÓN DIVINA

¿Puedes imaginarte cómo era la vida en el jardín del Edén? Figúrate por un momento lo increíble que sería tu tiempo de tranquilidad si consistiera en caminar con Dios al fresco del día. No solo eso, sino que tu mundo hubiera tenido una paz total y sin faltarte nada; siempre disfrutando lo mejor de lo mejor.

Si estuvieras experimentando la verdadera felicidad de vivir con Dios en el jardín, pensarías que sería bastante fácil no hacer lo que Dios dijo que la arruinaría, ¿no es así?

Sin embargo, sabemos que no es así que terminó la historia. La serpiente convenció a Adán y Eva de la más insidiosa y básica mentira: las reglas de Dios nos impiden ser felices.

Torciendo las palabras de Dios, la serpiente persuadió a nuestros antepasados para que creyeran que Dios les impedía la verdadera felicidad.

El enemigo no es tan creativo y no ha cambiado sus tácticas con nosotras. Todavía usa el mismo y repetitivo argumento de que las reglas de Dios están destinadas a robarnos nuestra felicidad y todavía seguimos creyéndolo. Al alimentar nuestro ego, nos convence de que sabemos cómo hacernos felices mucho mejor que nuestro Hacedor.

En realidad, los mandamientos de Dios se diseñaron para hacernos felices. Proverbios nos dice: «Los que están atentos a la instrucción prosperarán; los que confían en el Señor se llenarán de gozo» (16:20, NTV).

Cuando aprendemos a seguir con fidelidad las instrucciones que Dios nos da en su Palabra, descubriremos que nuestra vida termina pareciéndose mucho más al jardín hecho de manera expresa para nosotras.

Hoy, pasa un tiempo con el Señor pidiéndole que te muestre las formas en que has tratado de hacerte feliz en lugar de seguir con fidelidad sus instrucciones. Traza dos columnas en la página de Reflexión al final de esta sección o en las páginas de tu diario. En un lado, escribe: «Formas en que he tratado de hacerme feliz». En el otro lado, escribe: «¿Da resultado?». Después, pon una marca de verificación en las cosas que has estado haciendo que de *verdad* traen felicidad a tu vida.

ESTOY CONTIGO

Siempre he pensado que si el Señor estuviera conmigo físicamente sería capaz de confiar en Él en cualquier circunstancia. Tiene sentido pensar que si tan solo lo pudiera ver, su presencia sería lo bastante reconfortante como para afrontar cualquier cosa que se me presentara en el camino.

Los israelitas tuvieron esa experiencia. Después que los liberaran de la esclavitud de Egipto, Dios los guio a través del desierto en la forma de una columna de nube por el día y una columna de fuego por la noche. Siempre supieron que estaba ahí. No solo sentían su presencia, sino que veían una representación física de su gloria a medida que daban cada paso.

No obstante, aunque Dios los guiaba de la mano, los israelitas todavía necesitaban tener fe para creer que el lugar al que los llevaba era para su bien.

En Juan 16:7, Jesús dice que Él nos dio algo mejor que su presencia física cuando dice: «En realidad, es mejor para ustedes que me vaya porque, si no me fuera, el Abogado Defensor no vendría. En cambio, si me voy, entonces se lo enviaré a ustedes» (NTV).

Nuestro Abogado, Jesús, está hablando del Espíritu Santo. Ahora tenemos la misma presencia de Dios dentro de nosotras, y Él nos guía a su verdad y nos ayuda a andar por su camino.

Nuestro Dios está siempre con nosotras, en medio de cada momento de la vida, y siempre nos guía a las promesas que tiene para nosotras. ¡Confía en que a donde te lleva es para tu bien!

Piensa en lo que significa tener al Espíritu Santo de Dios viviendo dentro de ti. Responde las siguientes preguntas aquí o en las páginas de tu diario: ¿Qué significa para ti que el Espíritu de Dios viva en ti? ¿Cómo se ve esta verdad vivida cada día?

EMPIEZA TU DÍA CON ALEGRÍA (EL SEGURO DE LA FELICIDAD)

Mis mejores días son esos cuando me levanto lista para pasar tiempo con Jesús, porque sé que al hacerlo, empiezo mi día con gozo.

Los días en los que no comienzo mi mañana con Él, se nota. Cuando estamos juntos, me recuerda quién soy, para qué me creó y el amor que me muestra a mí y a otros. Sin ese tiempo, no tarda mucho tiempo hasta que mi medidor de felicidad baja a cero. ¡Eso se debe a que Dios nos creó para que encontráramos nuestra felicidad en Él y solo en Él!

Para ser feliz de veras, sin importar las cosas imprevisibles que sucedan en mi mundo, tengo que dedicar tiempo para sentarme con Jesús, la fuente de toda felicidad.

Demasiado a menudo somos como la mujer en el pozo, buscando la felicidad en muchos otros lugares, a pesar de que la verdadera fuente de felicidad está sentada justo delante de nosotras. En esos momentos, Jesús nos mira con ojos llenos de gracia y dice: «Si tan solo supieras el regalo que Dios tiene para ti y con quién estás hablando, tú me pedirías a mí, y yo te daría agua viva» (Juan 4:10, NTV).

Cuando empezamos nuestro día con Jesús, lo hacemos con la verdadera fuente de toda felicidad.

¿Cómo es tu tiempo diario con el Señor? Comprométete a pasar tiempo con Jesús al comienzo de cada día, incluso si son solo cinco minutos, ¡y ya verás cómo te llena la felicidad que solo viene de Él! Si este es un nuevo compromiso, o uno que deseas renovar, escríbelo aquí o en tu diario. Especifica cuándo, dónde y cómo pasarás tu tiempo con el Señor cada día.

____

____

____

____

____

CONFÍA EN EL TIEMPO DE DIOS

Imagina que Dios te prometiera darte lo único que deseabas más que nada. Ahora imagina que se requieran veinticinco años para cumplirse, e imagina tener setenta y cinco años cuando Dios te hizo la promesa. Esto es lo que le pasó a Abraham. Dios les prometió a Abraham y a su esposa, Sara, que les daría un hijo que sería el primero de una línea de descendientes que superaría en número a las estrellas en el cielo. Sin duda, ¡esta era una promesa difícil de creer en el primer año, ¡y mucho menos a los veinticinco años!

Después de diez años de esperar que Dios cumpliera su promesa, Abraham y Sara tomaron el asunto en sus propias manos con resultados desastrosos. (¿Alguien más por ahí hizo esto? ¿Tomar el asunto en tus propias manos en lugar de esperar el tiempo de Dios? ¿Te hiciste novia del chico equivocado porque pensaste que Dios no tenía uno para ti? ¿Aceptaste el empleo equivocado porque te preocupaba que Él no llegara a tiempo para pagar las facturas? Lo entiendo. ¡Esperar es difícil!).

En vez de esperar en Dios a fin de que proveyera lo que prometió, Abraham y Sara se imaginaron que podrían ayudar a Dios, de modo que buscaron un atajo. Y no pasó mucho tiempo antes de que ese atajo les explotara en la cara. En vez de esperar la bendición diseñada por Dios, introdujeron resentimiento y dolor en sus vidas. Pensaron que sabían más que Dios, pero Dios siempre sabe más.

He escuchado a muchas personas decir: «Dios nunca llega temprano, y nunca llega tarde. Siempre llega a tiempo». Puede que sepamos esto, pero todavía no somos muy buenas esperando. Cuando la impaciencia amenaza con robarnos la felicidad, tenemos que recordarnos a nosotras mismas que debemos tomar la decisión de confiar en el tiempo de Dios.

¿Qué es eso que has estado esperando que Dios lleve a buen término? ¿De qué manera ha afectado eso tu confianza en Dios? Escribe en una tarjeta de notas: «Puedo confiar en el tiempo de Dios». Ahora, coloca esa tarjeta de notas en algún lugar donde la veas con regularidad. Cada vez que la veas, ora, diciendo: «Gracias, Dios. Sé que tu tiempo perfecto es para mi bien. Y confío en ti».

____

____

____

VISTÁMONOS CON EL BIEN

Ahora que pasé de los cuarenta, todo el tiempo veo artículos que hablan sobre cómo debe vestirse alguien de mi edad. (Y les llaman a los cuarenta la mediana edad, pero no caigamos en esa ridiculez. ¡Todavía me siento de diecisiete!). Para ser sincera, paso mucho tiempo tratando de averiguar cómo vestirme bien.

Pantalones de mezclilla ceñidos, pantalones de mezclilla rasgados, pantalones de mezclilla para mamás… Nunca estoy segura de cuál es la última moda. Sin embargo, una de las cosas que de seguro ha mejorado con la edad es la conciencia de que la importancia de lo que uso por fuera palidece en comparación con la forma en que me visto por dentro.

Me encanta lo que dice Pablo en Colosenses 3:12: «Dado que Dios los eligió para que sean su pueblo santo y amado por él, ustedes tienen que vestirse de tierna compasión, bondad, humildad, gentileza y paciencia» (NTV).

En otras palabras, muestra por fuera lo que Dios hizo por dentro, no con colores y patrones, sino con bondad y paciencia. ¡Imagínate la alegría que sentiríamos si nos vistiéramos con la identidad santa y amada que recibimos como pueblo de Dios!

A fin de vivir como personas que son santas y amadas, tenemos que quitarnos las ropas viejas que tenemos la costumbre de usar. Tenemos que cambiar nuestra indiferencia por la compasión de Dios, nuestro egoísmo por su bondad, nuestro orgullo por su humildad, nuestra naturaleza ruda por su gentileza y nuestra inquietud por su paciencia. ¡Tenemos que caminar en la verdad de lo que significa ser su pueblo!

Amiga, ¿qué «ropas viejas» cuelgas que necesitas cambiar por las ropas nuevas de Dios? Anótalas aquí o en tu diario. ¿Cómo son las ropas nuevas de Dios? Dios nos cubrió con su gracia, ¡así que mostremos por fuera lo que Él ya hizo por dentro!

CIÑE TUS LOMOS

En la película *El diablo viste a la moda*, cuando Meryl Streep está a punto de entrar en la oficina, su asistente, que había estado a su lado durante muchos años, grita: «¡Ciñe tus lomos!». Esa escena siempre me hace reír, a pesar de que no tenía idea de lo que significaba esa frase hasta hace muy poco. Como es de esperar, busqué la frase en Google y el significado me sorprendió bastante (y también me pareció un poco gracioso).

Hace mucho tiempo, las personas (los hombres, en específico) solían usar túnicas largas y vaporosas sin nada más debajo (nada que cubriera sus «lomos», por así decirlo). Cuando se preparaban para hacer cualquier tipo de trabajo, pero en particular cuando iban a participar en una batalla, tenían que amarrarse, literalmente, los largos pedazos de tela alrededor de la cintura y luego entre las piernas para «asegurarse», si me entiendes lo que quiero decir. Me hace reír porque parece un pañal improvisado.

Con el tiempo, *ciñe tus lomos* llegó a significar «protégete, o prepárate para el ataque que se aproxima». En Efesios 6, donde Pablo habla acerca de la armadura de Dios, algunas traducciones dicen que debemos ceñir nuestros lomos «con el cinturón de la verdad, protegidos por la coraza de justicia» (v. 14). En esencia, dice que nos protejamos con la verdad a fin de prepararnos para la batalla que afrontaremos (con nuestro Enemigo), al envolvernos literalmente con la verdad.

La verdad de la que Pablo habla es la Palabra de Dios. Leerla nos permite ver la verdad. Escribirla nos permite recordar esa verdad. Y memorizarla nos permite vestirnos con esa verdad. La Palabra de Dios es la armadura más segura que podemos usar en las batallas diarias de la vida.

Escoge un versículo favorito de la Biblia, tal vez uno que tenga un significado especial en tu vida. Escríbelo. Ahora, usa tu mente creativa y dibuja o pinta una imagen que describa ese versículo para ti. Por último, ¡memoriza el versículo de modo que puedas envolverte en la verdad mientras ciñes tus lomos!

____

____

____

EL PLAN DE DIOS, NO EL MÍO

Como instructora y estratega de negocios, me encanta desarrollar planes. Los planes son el chocolate de mi mantequilla de maní. Son el glaseado de mi tarta. Son la salchicha de mi pizza. (¿Te diste cuenta de que todas mis analogías se relacionan con la comida?). El punto es: Me encantan los planes. (Y la comida).

Cuando diseño un plan, no me gusta mucho que alguien venga y me diga que cambie de dirección. Soy muy obstinada. Sin embargo, en su infinita sabiduría y su deseo de mantenerme humilde, Dios ha tomado muchos de mis brillantes planes y los ha guiado por una dirección diferente por completo.

Una vez hice un sitio web de noticias y en seguida me di cuenta de que no quería atenderlo.

Diseñé una aplicación que nadie quería.

Amiga, ¡tengo muchas historias de mis ideas empresariales que no dieron resultado!

Hubo ocasiones en las que peleé con Dios por esos planes con uñas y dientes (que es la expresión sureña para «pateando y gritando»). ¿Y sabes cómo me sentí cuando me resistí a su liderazgo? Destrozada.

He tenido que aprender a entregarle a Dios los planes estratégicos y las riendas de mi vida. Y en el proceso he aprendido que, a pesar de que sus caminos no son mis caminos, sus planes siempre son muchísimo mejores que los míos.

Solo Dios sabe lo que nos hará felices de veras. Solo Dios puede hacer realidad los deseos más profundos de nuestros corazones. Su Palabra nos recuerda: «¡Oh, profundidad de las riquezas y de la sabiduría y del conocimiento de Dios! ¡Cuán insondables son sus juicios e inescrutables sus caminos!» (Romanos 11:33, LBLA). Puedes confiar en Él para que dirija, planifique y guíe tu vida. De ahí viene la verdadera felicidad.

¿Te parece que Dios tiene un camino diferente para tu vida que el que sigues ahora? Si es así, detente ya mismo y pregúntale cómo seguir su dirección. Escribe lo que crees que Él te guía a hacer. Luego, da los pasos que te llama a dar.

____

____

____

____

REFLEXIÓN

3

LA FELICIDAD EN EL AQUÍ Y AHORA

Puedes aprender a ser feliz justo donde estás.

APRECIA EL PRESENTE

Por naturaleza, me enfoco en el futuro. Vivir el momento siempre es un desafío para mí, pues me encanta soñar en grande acerca de las posibilidades del futuro. Me encanta la emoción que se siente al pensar en nuevos objetivos y todos los «qué tal si» que les acompañan.

Una fría tarde de primavera, me quedé mirando por la ventana y me dije: *Tengo muchos deseos que el clima caliente un poco. Cuando haga más calor, pasaré un tiempo sentada afuera, disfrutando del sol y leyendo un buen libro.* En ese momento, Mollie, nuestra golden retriever, me empujó para que la dejara salir. Abrí la puerta y la observé mientras pasaba junto a mí a toda velocidad y literalmente jugueteaba en el campo justo al lado de nuestro patio.

No necesitaba una serie de circunstancias futuras para disfrutar lo que tenía delante de ella. Así que agarré un suéter, un nuevo libro que quería empezar a leer y lo había estado posponiendo, una taza de café y salí afuera. En realidad, el clima estaba muy agradable.

Mollie me ayudó a darme cuenta de que me había estado privando de la felicidad de hoy por soñar siempre con el futuro e ignorar el presente. He estado posponiendo la felicidad a una fecha futura que parece que nunca llega. Al vincular mi felicidad a esa futura versión de la vida, me había privado de disfrutar a plenitud las bendiciones que ya Dios puso a mi alrededor.

Desde que me di cuenta de eso, he aprendido a practicar lo que llamo concienciación piadosa, lo que significa que trato de pasar tiempo apreciando el momento presente y todo lo que Dios hace a mi alrededor. Tal vez eso signifique ver a mis hijos jugar al fútbol en el patio o disfrutar de los colibríes en el comedero. Se trata de absorber todas las formas en que Dios obra, tanto en lo grande como en lo pequeño.

Pablo sabía que eso era cierto cuando dijo: «La piedad [...] es un medio de gran ganancia cuando va acompañada de contentamiento» (1 Timoteo 6:6, LBLA). Cuando nos contentamos con lo que ya recibimos, tenemos todo lo que podríamos desear. Más que esperar con ansias lo que podría depararte el futuro, procura disfrutar de lo que Dios te ha dado ahora.

Dedica cinco minutos para pensar en todas las formas en que te provee Dios y en las formas en que Él te brinda felicidad. Anota esas cosas aquí o en tu diario.

____

____

____

SERÉ FELIZ CUANDO...

Todas tenemos la tendencia a decir: «Seré feliz cuando...». Para algunas es: «Seré feliz cuando me case», o «Seré feliz cuando tengamos hijos», o «Seré feliz cuando los niños ya no usen pañales», o «Seré feliz cuando todos los niños estén en la escuela».

Cada una de nosotras tiene la idea de que cuando _______________ suceda, por fin seremos felices. Sin embargo, todo lo que hace esta mentalidad es robarnos la felicidad que podemos experimentar hoy. En lugar de disfrutar de la felicidad que Dios nos ofrece ahora, dejamos nuestra felicidad en una fecha futura que tal parece que nunca se presenta.

Es como si estuviéramos esperando que nuestra vida nos dé lo que ya Dios nos proveyó para hoy.

Dios nos diseñó para encontrar nuestro contentamiento y felicidad en Él, sin importar nuestras circunstancias. Piensa en lo que dice Pablo en Filipenses 4:12: «Sé vivir en pobreza, y sé vivir en prosperidad; en todo y por todo he aprendido el secreto tanto de estar saciado como de tener hambre, de tener abundancia como de sufrir necesidad» (LBLA).

¿Sabes por qué Pablo era capaz de contentarse en cualquier circunstancia? Porque Pablo era capaz de hacer todas las cosas en Cristo que le daba fortaleza (Filipenses 4:13).

En cada giro de su vida, ya fuera para bien o para mal, Pablo encontraba su felicidad en Jesús.

En Jesús podemos decidir ser felices ahora. ¡Esa es una gran noticia para *hoy*!

¿Puedes pensar en algunas formas en que hayas pospuesto la felicidad? Tal vez pospusieras tu felicidad hasta que estés en una etapa diferente de la vida o que alcanzaras cierta meta. Anota en qué has puesto en espera tu felicidad y, luego, enumera tres razones por las que puedes ser feliz en este momento.

UNA FOTO VALE MIL BUENOS SENTIMIENTOS

Me encanta tomar fotos con mi teléfono todos los días. Tomo fotos de los niños haciendo alguna tontería, una hermosa puesta de sol, mis amigas sonriendo... me encanta captar esos momentos. Una vez tomé más de doscientas cincuenta fotos en un solo día, pues me encanta documentar esos momentos felices. A veces, cuando estoy de mal humor, abro mi teléfono, me desplazo a través de las fotos y, como por arte de magia, ¡me pongo de buen humor!

Por supuesto, no todos los momentos de la vida son dignos de enmarcarlos. En nuestra mente hay recuerdos dolorosos que pueden dispararse por lo más pequeño como una foto en una cámara. Cuando me recuerdan los momentos menos que deseables en mi vida, puedo quedar atrapada en ellos y me puede llevar un tiempo ver lo bueno que supera lo malo de manera abrumadora.

Es importante conocer nuestros detonantes y aprender a combatir esos pensamientos negativos que nos roban la felicidad. En mi caso, el recordatorio que necesito es el de abrir el teléfono y repasar toda la evidencia de la increíble gracia de Dios en mi vida. Veo recordatorios de su generosidad con solo tocar un botón. La Palabra de Dios también nos recuerda su intención de que seamos felices: «Yo sé que nada hay mejor para el hombre que alegrarse y hacer el bien mientras viva» (Eclesiastés 3:12).

Tus disparadores y botones de reiniciar son únicos para ti. Tal vez tu diario sea una forma de recordar la bondad de Dios. Quizá sea pasar tiempo con los amigos y la familia. Sea lo que sea, recuerda que celebrar la felicidad en el aquí y ahora nos mantiene enfocadas en la bondad y la fidelidad de Dios.

Considera esta semana ser consciente de los momentos felices en tu vida y toma una foto que puedas guardar como un recordatorio futuro de la bondad de Dios.

DELÉITATE

Cuando las personas no reciben la respuesta que quieren para sus oraciones, es normal escuchar: «Pensaba que Dios quería que fuera feliz. Si eso es lo que Él quiere, ¿por qué no me da esto?». Es un argumento válido, pero casi nunca es de la manera en que deseamos expresarlo. Cuando decimos cosas como esa, lo que de veras preguntamos es: «¿A Dios le importa en realidad mi felicidad?».

Ha habido muchas veces en mi vida en las que estaba segura de que cierta cosa me traería verdadera felicidad. Si mi casa pudiera lucir de esta forma, o si pudiera perder esas últimas cinco libras, o si mis hijos hicieran esto, sería feliz de verdad.

Cuando me quedo atascada pensando de esa manera, oro durante semanas hasta que algo divertido empieza a suceder. Con el tiempo, mientras oro por lo que estoy convencida que me hará feliz, eso por lo que oro comienza a cambiar.

En lugar de que mis hijos desarrollen de forma milagrosa una racha de limpieza que rivalice con Marta, la hermana de María, recuerdo el hecho de que quizá esperara demasiado y que «lo suficientemente bueno» en la casa a veces es perfecto.

En lugar de obsesionarme, orar y exigir que esos últimos kilos desaparezcan, me doy cuenta de que empiezo a sentirme inmensamente agradecida por la salud y las fuerzas para llevar a cabo el llamado de Dios en mi vida.

Cuanto más tiempo paso con Dios, más tiempo pasa Él cambiándome, alineándome más con sus deseos y menos con los míos. Mi felicidad se centra menos en obtener esto o aquello, sino que se centra más en Dios.

Él se convierte en el deseo de mi corazón. Como dice David en el Salmo 37:4: «Deléitate en el SEÑOR, y él te concederá los deseos de tu corazón». Cuando nos deleitamos en Dios, nuestros problemas no desaparecen, sino que nuestra perspectiva cambia, y Él se convierte en el lugar donde se encuentra nuestra felicidad.

Hoy, pregúntate: ¿Cómo puedes alinear tus deseos con los de Dios? Invierte tiempo y pídele a Dios que te ayude a encontrar tu deleite en Él.

____

____

TEN FE HASTA QUE LO LOGRES

Tal vez has escuchado la frase: «Fíngelo hasta que lo logres». Sin embargo, en vez de eso, digo: «Ten fe hasta que lo logres».

La Biblia está llena de ejemplos de personas que vivieron toda su vida bajo la verdad de esa frase. Noé esperó muchos años hasta que vino el diluvio. Abraham tuvo que esperar décadas hasta que Dios le dio el hijo prometido. David tuvo que esperar muchos años hasta que lo coronaron rey, a pesar de que recibió la promesa siendo aún un muchacho.

Me siento muy agradecida de que Dios nos diera esos ejemplos para que veamos cómo es vivir por fe, a la espera del cumplimiento de sus promesas. Cada uno de los héroes de la Palabra de Dios tuvo su propia ansiedad y se preguntó por qué Dios tardaba tanto. No obstante, permanecieron fieles hasta que Dios estuvo listo para avanzar. No tuvieron que fingir, ¡y nosotras tampoco!

No vivas fingiendo; ¡cree por fe que Dios está obrando ahora mismo! Marcos 11 nos recuerda: «Por eso les digo: Crean que ya han recibido todo lo que estén pidiendo en oración, y lo obtendrán» (versículo 24). Tal vez sintamos que no hemos llegado todavía o que nuestras vidas no se vean como pensamos que deberían estar. Incluso, si aún estamos esperando que las promesas de Dios se cumplan, podemos vivir por fe en el Dios que cambiará cualquier situación para su gloria y nuestro bien. Eso se llama esperanza. Y las personas que tienen esperanza son más felices.

¿Qué es lo que crees por fe que Dios proveerá en tu vida? Escribe sobre esto y agradécele de antemano por su provisión.

¿QUÉ TIENE DE BUENO EL DÍA DE HOY?

Como madre de cinco hijos varones, se podría decir que mi vida está un poco ocupada. Desde la escuela hasta las prácticas deportivas, las citas médicas, la iglesia, los amigos (multiplicados por cinco), puede parecer que nuestras vidas van de una cosa a la otra a una velocidad vertiginosa. No obstante, en los momentos cuando la vida me da un respiro, tengo la oportunidad de reflexionar en lo rápido que pasa todo.

Con frecuencia suelo recordarme que debo ser muy cuidadosa para no perder de vista las cosas que Dios puso justo delante de mí ahora.

Cuando éramos niñas, nos sentíamos ansiosas por llegar a la siguiente etapa de la vida, ya fuera el primer grado, la escuela secundaria o tener nuestra licencia de conducción. Y para la mayoría de nosotras, ese deseo de querer apresurarnos hacia lo que sigue no nos abandona.

Todavía nos encontramos mirando hacia el horizonte de nuestra vida, inconscientes por completo de la felicidad del aquí y el ahora.

Me obligo a recordar que debo tener cuidado de no apurarme tanto por llegar a la siguiente etapa, al próximo logro o a la próxima cosa nueva que me pierda lo que Dios quiere que disfrute hoy. Él desea que aproveche el día con paciencia y constancia. El libro de Santiago nos recuerda: «Que la paciencia tenga su perfecto resultado, para que seáis perfectos y completos, sin que os falte nada» (1:4, LBLA). A menudo, debo desviar la mirada de lo que Dios tiene a continuación para ver lo que Él tiene ahora.

A la luz de saborear lo que Dios tiene para mí ahora, esa grabación del concierto desafinado de quinto grado se convierte en alegría, el primer feriado por el Día de Acción de Gracias con nuestro universitario de primer año en casa con nosotros llega a ser una celebración, y hasta esa carrera de medianoche para ayudar a un estudiante de secundaria con su proyecto se transforma en un desafío divertido.

Piensa en tu vida ahora mismo. Pregúntate: *¿Qué tiene de bueno el día de hoy?* Escríbelo y trata de empezar a escribir todos los días una oración sencilla que diga: «Hoy, [rellena el espacio en blanco] es bueno».

____

____

____

____

EN BUSCA DE LA PERFECCIÓN

Un domingo por la mañana, se nos hizo tarde para ir a la iglesia. Uno de los niños no podía encontrar los zapatos que quería usar, otro derramó su desayuno en el piso y otro seguía dormido en la cama. Mark hacía todo lo posible para controlar a los otros dos, mientras yo intentaba apresurarme para terminar de maquillarme y al mismo tiempo comía cereales que eché en una taza de café.

Tengo esa imagen imaginaria de lo que podría ser un domingo por la mañana, donde todos nos sentamos para un estupendo desayuno, nos preparamos sin ningún apuro, y después emprendemos un pausado y agradable viaje a la iglesia. Rara vez mi vida se ve como las escenas perfectas que imagino para mí o mi familia, y en esos momentos en que la vida no se ve como esperaba, me siento tentada a dejar que mis circunstancias me roben la alegría.

Si somos sinceras, todas hemos creído la mentira de que nuestra situación debe ser perfecta para que seamos felices. Quizá nunca digamos que nuestra expectativa sea la perfección, pero cuando nuestra vida se ve menos que perfecta, nuestra decepción lo dice todo.

Aunque mentalmente sepamos que la perfección nunca se obtendrá de este lado del cielo, nos olvidamos de vivir de esa manera en nuestra vida diaria. En 1 Corintios 13:10 se nos dice: «Cuando venga lo perfecto, lo incompleto se acabará» (LBLA).

Nuestro Dios sabía que nunca alcanzaríamos la perfección por nuestra cuenta, ¡por eso envió a Jesús! Jesús es la única fuente de perfección que conoceremos en esta vida. Cuando la vida se ve imperfecta, mira al Salvador perfecto.

Hoy, festeja la felicidad en el aquí y ahora celebrando lo que es imperfectamente maravilloso en tu vida. Describe una cosa en tu vida que es maravillosa, aunque imperfecta.

PROGRESO, NO PERFECCIÓN

Una de las mayores alegrías de criar a nuestros hijos ha sido verlos aprender y crecer, en especial durante sus primeros años. Hay una sensación de gozo y asombro que disfrutamos con nuestros hijos a medida que los vemos pasar de sentarse a gatear, de gatear a ponerse de pie, y de ponerse de pie a caminar. Durante esa etapa de la vida, no importa cuántos pasos den ni cuántas veces se caigan. ¡Solo verlos dando pasos nos resulta encantador!

A medida que mis hijos crecían, poco a poco me daba cuenta de que Dios nos mira de la misma manera. Celebra nuestros pasos y se deleita cuando nos acercamos más a Él. Solía pensar que Dios tenía una hoja de conteo en el cielo, marcando cada tropiezo contra cada paso, y si tenía los pasos suficientes, sería de veras feliz conmigo. Sin embargo, Dios no busca la perfección; ¡celebra nuestro progreso!

La verdad es que todos estamos en un viaje y no llegaremos a nuestro destino en esta vida. Hasta entonces, nuestro Padre celestial está con los brazos abiertos, listo para recibirnos a medida que avanzamos hacia Él. El libro de Isaías dice: «Ya sea que te desvíes a la derecha o a la izquierda, tus oídos percibirán a tus espaldas una voz que te dirá: "Este es el camino; síguelo"» (30:21). Nuestro Dios ya dio los pasos necesarios para proporcionarnos su perfección en Jesús. Todo lo que pide es que caminemos hacia adelante a medida que celebra el progreso que hemos hecho durante el camino.

¿Dónde te sientes tentada a luchar por la perfección en lugar de celebrar el progreso? Hoy, descansa en la verdad de que tu Dios se deleita en cada paso hacia adelante.

REFLEXIÓN

4

BUENAS AMIGAS Y CORAZONES FELICES

Te crearon para la comunidad.

APÓYATE EN MÍ

¿Alguna vez has conocido a alguien de quien al instante sabías que querías aprender algo? Tal vez fuera la forma en que habló o cómo se presentó, pero de inmediato lo supiste: *Tengo que conocer a esta persona.*

He tenido el placer de conocer a algunas mujeres así en mi vida. Son mujeres de Dios muy fieles que han sido un ejemplo para mí de cómo puede ser de veras una vida feliz. De estas mujeres he aprendido mucho sobre lo que significa ser una esposa amorosa y respetuosa, una madre responsable y divertida, y una seguidora más cerca de Jesús. Tengo la bendición de llamarlas mis mentoras y mis amigas.

Todas necesitamos esa clase de mujeres en nuestra vida, mujeres cuyas huellas podemos seguir. Son mujeres cuyos ejemplos de vida dicen, al igual que Pablo: «Imítenme a mí, como yo imito a Cristo» (1 Corintios 11:1). Cuando estés en una nueva etapa de la vida y necesites aprender de mujeres piadosas y apoyarte en ellas, espera a que Dios te muestre a quién puedes invitar de forma deliberada a tu vida.

Pídele al Señor que te provea de dos o tres personas que te alienten en tu fe y madurez espiritual a lo largo de tu tiempo para vivir feliz; personas que se han ganado tu confianza y cuyas vidas dan buenos frutos. A menudo encontramos a esas mujeres a través de grupos en nuestra iglesia local. Escribe sus nombres a medida que te lo indique el Señor. Según Dios te dirija, conversa con ellas acerca de tu deseo de que lleven a cabo ese papel en tu vida (y quizá hasta les digas por qué sentiste que Dios las escogió para ti).

TUS CINCO FAVORITAS

Le escuché a un sabio decir: «Eres el promedio de las cinco personas con las que pasas más tiempo»[1]. En el caso de muchas de nosotras, pasamos la mayor parte del tiempo con nuestra familia inmediata (¡lo que explica por qué solo podía hablar en palabras de dos sílabas cuando mis cinco hijos eran pequeños!). Pero en serio, esta cita me desafió a pensar en las amigas con las que paso gran parte de mi tiempo. ¿Son positivas y alentadoras, o negativas y críticas?

Cuando empezamos a pasar más tiempo alrededor de personas negativas y críticas, es muy fácil ver lo que sucede. En lugar de ser rápidas para alentar a otros, somos rápidas para criticar. En lugar de ver lo positivo en las situaciones, somos rápidas para quejarnos. Terminamos atrapadas en la misma negatividad que ellas. La Palabra de Dios nos advierte: «No se dejen engañar: "Las malas compañías corrompen las buenas costumbres"» (1 Corintios 15:33). Sin embargo, cuando nos rodeamos de personas positivas y alentadoras, lo opuesto es cierto también. Nos disponemos a ser generosas con nuestras palabras y a ser rápidas para afirmar. Nos sentimos recargadas y renovadas debido a cómo dan vida. Su ejemplo nos anima a ser las mejores versiones de nosotras mismas.

Ora para que Dios te ayude a ver quién en tu vida te edifica y quién es una influencia negativa para ti. ¡Decide pasar más tiempo con las amigas que mejoran tu vida! Enumera las cinco personas en tu vida que más te alientan, apoyan y aman. Cuando decidas con quién invertir la mayor parte de tu tiempo, concéntrate en estas cinco personas excelentes.

ENCUENTRA A TUS COMPAÑERAS DE BATALLA

Un amigo mío me contó que en el ejército tienen algo llamado *compañeros de batalla*. Un compañero de batalla es alguien que te apoya y cuida de ti dentro y fuera del combate. Siempre están ahí para velar por tu salud emocional y física, ya sea que estés en las trincheras o en el cuartel. Me encanta ese concepto.

¿No es cierto que todas necesitamos al menos un par de esas geniales compañeras de batalla que estén con nosotras en este viaje? Todas necesitamos amigas que nos alienten, nos cuiden y estén allí para luchar con nosotras en los días buenos y en los días difíciles.

Salomón lo dice así en el libro de Proverbios: «Como el hierro se afila con hierro, así un amigo se afila con su amigo» (27:17, NTV). Al igual que un herrero usará el metal sobre el metal para formarlo con el propósito de su diseño, Dios usará a ciertas personas en nuestras vidas para afilarnos y moldearnos para lo que nos quiere convertir. Esas personas son las que Dios coloca en nuestras trincheras.

Nos advertirán de las zonas de peligro potencial en nuestra vida y nos animarán a ser las personas para las que nos creó Dios. Caminarán a nuestro lado con fidelidad y amor, incluso cuando nuestra vida parezca más un campo de batalla de lo que queramos admitir.

Anota el nombre de dos o tres de tus compañeras de batalla y escribe algo específico que aprecies de cada una. Luego, llama a cada compañera de batalla y dile cuánto la aprecias.

DA POR SENTADO LO MEJOR

Cuando Mark y yo estábamos saliendo, ir al cine era lo nuestro. Técnicamente era lo mío. Me encanta ir al cine. No hay una experiencia como esa, y no me importa lo que diga nadie, ningún cine en casa puede igualar la magia de ir al cine de verdad. Poco después de casarnos, Mark me informó que prefería el sofá y la televisión a los asientos del estadio y la pantalla grande. Qué clase de enganche y engaño. ¡O al menos esa fue la forma en que lo tomé!

Después de meses de perderme algunas películas geniales de verdad, armé un berrinche. Me quejé, puse mala cara y pataleé, declarando que no me quitaría mi preciosa afición al cine. Se rio y me dijo: «Alli, no dije que no pudieras ir al cine. ¡Solo quiero que vayas con alguien que lo disfrute tanto como tú!».

Vaya, lo había entendido todo mal. Di por sentado lo peor de Mark, cuando lo cierto era que solo pensaba en mi felicidad.

Una clave para ser más felices en la vida es dar por sentado lo mejor de las personas, que actúan de la mejor manera posible y que no te quieren hacer daño. Cuando decides dar por sentado que las otras personas tienen buenas motivaciones, te proteges de vivir con una forma de pensar negativa.

Lo que es más, cuando decidimos dar por sentado lo mejor de las personas, decidimos amarlas. Elegimos confiar en que no nos manipularán ni tratarán de obtener algo de nosotras. En 1 Corintios se explica que el amor «todo lo disculpa, todo lo cree, todo lo espera, todo lo soporta» (13:7). Y, lo mejor de todo, en realidad protegemos la relación y la felicidad de otros al permitir que el amor guíe nuestras suposiciones acerca de las motivaciones de los demás en vez de prepararnos para la decepción o el dolor.

Tal vez parezca raro, pero Mark y yo tenemos un matrimonio más feliz y más fuerte ahora que no va al cine conmigo. En su lugar, voy con mis amigas o mis hijos a ver las nuevas películas, y Mark y yo nos acurrucamos para verlas en casa. ¡Eso nos hace felices a los dos! ¡Así todos ganamos!

Piensa en una situación en la que no diste por sentado lo mejor de alguien y resultó ser inocente por completo. ¿Qué puedes aprender de dicha situación?

____

____

____

¿EL AUMENTO DE $133000?

Unos investigadores determinaron que pasar tiempo con amigos que te gustan aumenta tanto tu felicidad como si te dieran un aumento anual de $ 133 000[1]. Por supuesto, sabemos que el dinero no compra la felicidad, pero es fascinante pensar que los científicos compararon a las personas que hicieron montones de dinero cada año con los que vivían en grandes comunidades, y descubrieron que los niveles de felicidad eran los mismos.

Resulta tentador pensar en lo mucho más felices que seríamos si tuviéramos todos esos fondos adicionales, pero una vez más, los científicos solo afirman lo que Dios ya dijo. Aun así, pregunto, ¿cuántas de nosotras consideramos nuestro tiempo con nuestras amigas tan valioso como un aumento de seis cifras?

¡Apuesto a que Salomón lo hizo! Salomón conocía el valor de la verdadera amistad y dijo en Eclesiastés 4:9-10: «Más valen dos que uno, porque obtienen más fruto de su esfuerzo. Si caen, el uno levanta al otro. ¡Ay del que cae y no tiene quien lo levante!».

Dios nos ha dado amigas a fin de que nos mantengamos arraigadas en su propósito para nuestra vida. Cuando empezamos a perder de vista la obra que Dios hace en nuestra vida, las amigas y la comunidad están allí para ayudarnos a volver a encaminarnos y concentrarnos de nuevo en Él.

En la amistad, vemos el amor de Jesús en acción a medida que dedicamos nuestras vidas a respaldarnos unas a otras.

Aunque es probable que un aumento de seis cifras no esté disponible para la mayoría de nosotras, sí lo están las amigas y la comunidad. Escribe los nombres de tres a cinco personas que te harán sentir feliz después de pasar tiempo a su lado. ¡Haz planes hoy para que pronto se reúnan de nuevo!

INVIERTE EN OTROS

Las épocas más felices de mi vida vienen cuando a propósito decido invertir mi tiempo en otros. Cuando reservo una mañana, un almuerzo o una tarde, y hago espacio en mi mundo con el expreso propósito de servir a los demás, me siento más feliz.

Se siente mucho gozo al saber que marcaste una diferencia en la vida de otra persona con solo estar disponible y dispuesta.

Una de las clientas que asesoro hace esto muy bien. Sirve de manera voluntaria a los demás (a pesar de que es madre, empresaria y esposa muy ocupada). Cada semana realiza tres cosas intencionales para ayudar a otros. Todos los domingos, forma parte del equipo de estacionamiento en su iglesia y ayuda a las madres jóvenes a la hora de sacar a sus hijos del auto y los conduce hasta el edificio de la iglesia. Después, el lunes, escribe una tarjeta de aliento a una joven madre que vio en la iglesia el domingo. Y luego, en algún momento de la semana, ora a propósito por una amiga y le envía un mensaje de texto para decirle que oró por ella.

Es sorprendente ver cuánta felicidad le proporciona y, debido a que he sido una de las receptoras de su bondad, sé la felicidad que esto produce a otros. Hebreos nos dice: «Dios no es injusto como para olvidarse de las obras y del amor que, para su gloria, ustedes han mostrado sirviendo a los santos, como lo siguen haciendo» (6:10).

Nuestra felicidad en la vida no proviene de las cosas que adquirimos, sino de las personas que inspiramos. Cuando dedicamos el tiempo para invertir en otras personas a través de nuestros recursos, tiempo, finanzas o palabras de aliento, forjamos nuestro gozo y felicidad. Dios invierte con liberalidad en nuestra vida, de modo que nosotras podamos invertir con liberalidad en la vida de otros.

¿Cuáles son algunas formas sencillas en que puedes comenzar a invertir en la vida de otros? Pídele a Dios que te dé el nombre de alguien que necesite tu estímulo hoy. Luego, ¡actúa!

MIRA EL FRUTO

Mi amiga Emily es una de las personas más felices que conozco. Rebosa alegría y, para ser sincera, no sé cómo lo hace. Es madre soltera, tiene dos empleos y tiene una hija con necesidades especiales severas que la hacen frágil desde el punto de vista médico. Por tanto, cómo Emily se las ingenia a fin de tener tiempo para pensar siquiera en otra persona es algo que me supera. ¡Pero lo hace!

Si me hago un nuevo corte de cabello, me hace sentir como que es lo más hermoso que ha visto en su vida. Si recibo un comentario negativo en un libro, me hace creer que tiene que ser una casualidad, porque a sus ojos soy la mejor escritora sobre la faz de la tierra. Emily irradia felicidad, y me hace querer hacer lo mismo por otros.

Algo sucede cuando pasamos tiempo alrededor de personas que dan vida; nosotras mismas empezamos a ser personas que dan vida. Parece muy obvio, pero en más de una ocasión he olvidado que la gente con la que paso mi tiempo ayuda a determinar la persona en la que me estoy convirtiendo.

Las épocas en las que me siento más feliz, llena de alegría, satisfecha, amorosa y generosa son esas en las que paso tiempo con personas que ejemplifican todas esas cualidades.

Recuerda, si quieres saber quién serás en el futuro, solo tienes que mirar a las cinco personas con las que pasas más tiempo. Mateo nos dice: «Por sus frutos los conocerán» (7:20). Algún día, su fruto puede convertirse en el fruto de tu vida también.

Las raíces de nuestras relaciones determinan el fruto de nuestra vida.

Dedica el tiempo para escribir el fruto que deseas ver en tu corazón y en tu vida. Pídele a Dios que te muestre a otras personas en tu vida que te pueden ayudar a cultivar ese fruto mediante su ejemplo.

OBSERVA LO QUE TE RODEA

Todas conocemos personas tóxicas en el mundo que vivimos. Estas personas no pueden evitar señalar lo negativo en todo lo que les rodea. Actúan así debido a su dolor y sus profundas heridas, tratando de nivelar el campo de juego de la vida de modo que otros puedan conocer su dolor. En lugar de edificar a otros, procuran hundirnos hasta donde están.

Tú las conoces. Yo las conozco. A veces, somos ellas.

Es tentador pensar que tal vez podamos sacar a nuestra amiga de ese pozo. Pensamos que quizá si les mostrásemos suficiente positividad y vida, podamos provocar el cambio que da vida y que la invita a abandonar un ciclo de autodestrucción que parece interminable. El problema es que, la mayoría de las veces, terminamos como un socorrista sin salvavidas, arrastrado por la persona que intentó rescatar.

La Palabra de Dios a menudo habla de cuán importantes son las personas con las que nos rodeamos. En Proverbios 14:7 dice: «Mantente a distancia del necio, pues en sus labios no hallarás conocimiento». El necio es alguien que no escucha el consejo sabio ni la exhortación, sino que continúa en su propio camino a pesar de las advertencias de otros. Si bien

Dios nos llama a alentar a otros en amor, el necio rechaza por completo la Palabra de Dios y ni siquiera puede aceptarla.

No podemos vivir la vida abundante que Dios planeó para nosotras si nos rodeamos de personas necias y de las consecuencias de sus malas elecciones.

En su lugar, debemos decidir rodearnos de quienes desean crecer y que también desean ayudarnos a crecer. Cuando nos rodeamos de personas que buscan la vida, seremos capaces de ayudar a otros a hacer lo mismo.

¿Quiénes son las amigas que Dios ha puesto en tu vida para ayudarte a crecer? Dale gracias a Dios por ellas, y pídele que te rodee de otras que te ayuden a hacer lo mismo.

SUMÉRGETE EN LO PROFUNDO DE LAS RELACIONES

Cuando era niña, siempre me intimidaba la parte más honda de la piscina. Se puede decir que la parte profunda y yo teníamos una relación tirante. Me encantaba porque la tabla de clavado estaba allí, pero a la vez me sentía un poco nerviosa porque no podía saber con certeza dónde estaba el fondo.

La parte profunda ofrecía aventura, pero la parte baja era segura y previsible.

Con el tiempo, lo evidente en la piscina se hizo realidad en mis relaciones con los demás. En la parte baja de las relaciones, no tenía que preocuparme porque no era vulnerable a que me hundiera.

En la parte baja, podía estar segura de que el rímel no se deslizaría por mis mejillas y que mi cabello permanecería en su lugar.

En la parte baja, donde puedo mantener las apariencias, siempre me veo bien.

Sin embargo, nunca se supuso que viviéramos la vida en la parte baja. Nos crearon para conocer las profundidades de la alegría que se nos presentan cuando nos sumergimos en la parte honda de las relaciones. En la parte honda de la vida es donde tienen lugar las aventuras. Claro, nuestros pies no siempre están en tierra firme, pero allí es donde encontramos la comunidad, pues las personas que nos conocen nos aman por lo que somos.

En la parte honda, no hay necesidad de tratar de ser perfectas porque las amistades profundas encuentran el gozo de ser gloriosamente imperfectas.

Desde el principio, Dios dijo que no era bueno que el hombre estuviera solo, y eso todavía es cierto en la actualidad. Eclesiastés dice esto acerca de las relaciones: «Si caen, el uno levanta al otro. ¡Ay del que cae y no tiene quien lo levante!» (4:10). Cuando nos conocen, nos pueden amar, y cuando nos aman, logramos conocer el gozo.

Hoy, toma la decisión de sumergirte en lo profundo de tus relaciones. Piensa en las personas de tu vida que conocen a la «verdadera» tú. Escríbeles una nota y agradéceles por permitirte ser tú misma con ellas.

REFLEXIÓN

5

ENCUENTRA TU PENSAMIENTO FELIZ

A donde van tus pensamientos, le sigue tu felicidad.

LA DISCIPLINA DE LA GRATITUD

«Mami, hoy estoy feliz porque el equipo de los Steelers ganó un gran partido, por las galletas Oreo con crema doble y por la nieve».

Desde que mis hijos eran pequeños, cada noche les pido que me digan tres cosas por las que están agradecidos ese día. A veces me cuentan sus triunfos, otras veces dicen tonterías y, en ocasiones, se sinceran con gran gratitud por algo que sucedió durante el día.

Esta práctica estableció una disciplina de gratitud en mi familia, la cual es un bloque fundamental para edificar la verdadera felicidad. Lo he visto en mis hijos a medida que crecen con el hábito de encontrar cosas por las que sentirse agradecidos y con la felicidad que trae consigo la gratitud.

Múltiples estudios revelan que cuando las personas llevan la cuenta de las cosas por las que deben estar agradecidas, no solo se sienten mejor, sino que la gratitud también abarca otros aspectos de su vida[1]. Los investigadores están descubriendo que lo que Dios nos enseña en la Biblia es cierto, lo que demuestra que la gratitud es la clave para la felicidad y para vencer la ansiedad. Dios nos creó para vivir vidas llenas de gratitud. Debemos estarle agradecidos a Él y estar agradecidos por verlo obrar en nuestra vida, dando gracias en todo.

Pablo dice esto en 1 Tesalonicenses 5:16-18: «Estén siempre alegres, oren sin cesar, den gracias a Dios en toda situación, porque esta es su voluntad para ustedes en Cristo Jesús».

Dios nos hizo para que viviéramos en un estado constante de gratitud hacia Él por todo lo que nos provee. Y cuando vivimos con ese diseño en mente, podemos conocer la felicidad que nos espera como resultado.

Piensa en tres cosas por las que puedes dar gracias. Identificar cada día tres cosas por las que estás agradecida parece muy simple, pero no dejes que la simplicidad te engañe. La práctica diaria de la disciplina de la gratitud te hará más feliz, reducirá tu ansiedad y te ayudará a mantenerte enfocada en todas las cosas buenas que Dios hace en tu vida.

____

____

____

____

RENUEVA TU MENTE

Al crecer en el sur, a menudo escuchaba la frase: «La limpieza está al lado de la piedad». Para una niña pequeña, parecía algo de la Biblia. Debido a que pensaba que era de la Palabra de Dios, se convirtió en un peso para mí mientras crecía, ¡así que imagínate mi sorpresa cuando supe que no estaba en la Biblia!

Me sorprendí bastante cuando descubrí la verdad sobre esa frase, pero también me sentí aliviada. ¿Sabes por qué? Porque mi piedad ya no se medía por la limpieza de mi habitación. Me liberé de una ley que nunca ordenó Dios.

La verdad del mundo puede parecer muchas veces la verdad de Dios y, en ocasiones, es difícil notar la diferencia.

Entonces, ¿cómo podemos distinguir qué verdad es de Dios y qué verdad es del mundo? La verdad de Dios siempre está alineada con su Palabra y nos acercará más a Él.

En Romanos 12:2, Pablo dice: «No se amolden al mundo actual, sino sean transformados mediante la renovación de su mente. Así podrán comprobar cuál es la voluntad de Dios, buena, agradable y perfecta».

Cuando empezamos a cambiar la sabiduría del mundo por la verdad de Dios, experimentaremos la felicidad de estar en su voluntad.

¿De qué maneras te has «amol[dado] al mundo actual» en tu forma de pensar? Escribe todo lo que puedas imaginar. Pídele a Dios que renueve tu mente de acuerdo con su Palabra, a fin de que puedas seguir mejor su voluntad.

LA GRATITUD ES EL INGREDIENTE CLAVE DE LA FELICIDAD

«¡No importa cómo, lo quiero ahora!».

Todo el mundo recuerda esta frase de la canción que cantaba la niña más malagradecida que haya existido jamás, Veruca Salt, de *Willy Wonka y la fábrica de chocolate.* Veruca Salt lo tenía todo, y si no tenía algo, le exigía a su padre que se lo buscara de inmediato. Y como todos sabemos porque vimos la película, su padre siempre le daba lo que quería.

Sin embargo, a pesar de que Veruca lo tenía todo, era muy infeliz. Nunca se detenía a apreciar lo que tenía porque siempre estaba concentrada en lo que no tenía, o lo que es peor, lo que tenía otra persona y que ella quería.

Aprender a ser agradecido es algo que se enseña, y es una de las razones principales por las que practico la rutina de las «tres cosas por las que estás agradecido» con mis hijos a la hora de dormir.

Identificar tres cosas por las que te sientes agradecida al final de cada día es una sencilla forma de reducir la ansiedad, aumentar la felicidad y garantizar una buena actitud para el día siguiente.

Nuestros momentos diarios de gratitud nos recuerdan que, en última instancia, no tenemos el control de nuestras vidas. Y cuando a nuestras vidas les falta gratitud, podemos caer en el hábito de dar por sentado que nos lo merecemos todo en la vida, en vez de mostrar gratitud por lo que provee Dios.

Nuestra gratitud es el ingrediente clave para nuestra felicidad.

Cuando Jesús les enseña a los discípulos cómo orar en Lucas 11, les dice que Dios es como un padre que le encanta hacerles regalos a sus hijos (versículos 11-13). Qué cuadro tan tierno de nuestro amoroso Padre. Quiero recibir sus regalos con gratitud y alegría, y enseñarles a mis hijos a hacer lo mismo.

Anota tres cosas por las que estás agradecida hoy. Asegúrate de descargar el devocional semanal [en inglés] sobre la gratitud en AlliWorthington.com/YearofHappy.

____

____

____

____

____

____

NO ALIMENTES LOS TEMORES

¿Alguna vez has estado en un parque nacional donde los letreros dicen: «NO ALIMENTAR A LOS OSOS»? Eso me parece muy obvio, y siempre quiero preguntar: «¿A quién se le ocurriría alimentar a los osos?». Sin embargo, parece que algunas personas (o muchas personas) necesitan el recordatorio.

Hay una buena razón por la que los guardas del parque no quieren que alimentemos a los osos. Cuando los osos saben que tienen comida a su disposición (como cuando las personas los alimentan o les dejan comida), en esencia se asentarán en las áreas más pobladas de los parques. Puedes ver el problema, ¿cierto?

¿No es verdad que nuestros temores operan de la misma manera? Cuando los alimentamos con regularidad, se asientan en nuestras mentes y corazones, y mientras más tiempo pasan allí, más peligrosos se vuelven para nosotras. Creo que la clave para vencer esto es entender la forma en que alimentamos nuestros temores. Por ejemplo, hace un par de años, dejé de ver las noticias todos los días. Me di cuenta de que una fuente diaria y constante de malas noticias me robaba la felicidad y me provocaba ansiedad.

Mi ansiedad crecía día tras día cuando pensaba en todas las cosas terribles que sucedían en el mundo, lo que de alguna manera se traducía a las cosas terribles que les podían pasar a mis hijos. Siempre estaba asustada porque alimentaba mis temores a diario.

Por supuesto, no es que escurra el bulto, ni que finja que el mundo no tiene problemas. Sin embargo, he buscado formas de limitar lo que veo o escucho. No es la ignorancia lo que me hace feliz. Es hacer algo con respecto a lo que alimenta mis temores.

Cuando alimentamos nuestros temores, los invitamos a que se queden, y no pasa mucho tiempo antes de que se sientan como en casa (lo mismo sucede con los osos). Los temores generan ansiedad y nos hacen pensar que tenemos el control de nuestra vida. La próxima vez que el temor venga a buscar comida, considera lo que Pedro dice en 1 Pedro 5:7: «Depositen en él toda ansiedad, porque él cuida de ustedes». La decisión es nuestra. En vez de alimentar nuestros temores, alimentemos nuestra confianza en Dios depositando toda nuestra ansiedad en Él y descansando en su cuidado.

¿Cuáles son algunas cosas que te hacen alimentar tus temores? Pídele a Dios que te ayude a encontrar formas para alimentar tu confianza en Él en vez de hacerlo con esos temores.

NUESTROS PENSAMIENTOS SON PODEROSOS

Cuando mi esposo atravesaba una época muy difícil debido a una enfermedad, a menudo pensaba: *Esto nunca va a mejorar.* Por accidente, me convertí en mi propio falso profeta del futuro y, en el proceso, robé mi propia felicidad a través de mis patrones de pensamientos negativos.

Tuve que aprender a sustituir mis pensamientos negativos con la verdad de Dios. En lugar de la negatividad, aprendí a decir: «Dios, esto es terrible, pero confío en que tienes el control y proveerás todo lo que necesitamos para superar esto. Confío en ti».

Cuando Pablo atravesaba una de sus pruebas más duras, les recordó esto a los filipenses (y a sí mismo) en Filipenses 4:8: «Consideren bien todo lo verdadero, todo lo respetable, todo lo justo, todo lo puro, todo lo amable, todo lo digno de admiración, en fin, todo lo que sea excelente o merezca elogio». Nuestra perspectiva moldea nuestra percepción.

A todas nos suceden cosas difíciles en la vida, pero nuestros pensamientos acerca de esas cosas malas son los que determinan cómo nos afectan. Cuando llenamos nuestras mentes con pensamientos que nos conducen a confiar en Dios, estaremos preparadas cuando lleguen los momentos difíciles.

Sea lo que sea por lo que estés pasando ahora mismo, puedes confiar en Él.

Pídele a Dios que te ayude a aprender la manera de parar los pensamientos negativos y sustituirlos con la verdad. Toma un pensamiento negativo que hayas tenido a menudo y reemplázalo con una verdad de Dios.

¿QUÉ VOCES ESCUCHAS?

Cuando era niña, a menudo escuchaba la frase: «Si entra basura, sale basura». ¿La recuerdas? Ahora que soy madre de cinco hijos varones, será mejor que creas que ellos también la escuchan. Es un principio sencillo, y es lógico que salga lo que pongamos en el corazón.

En nuestro mundo, hay voces que luchan todo el tiempo por nuestra atención y nuestros afectos. Cada programa que vemos, cada publicación en Facebook, cada libro que leemos, cada anuncio con el que nos topamos, todo trata de captar la atención de nuestros oídos y de nuestra imaginación. Y esas voces tampoco callan, ¡nos exigen que las escuchemos!

Entonces, ¿cómo elegimos qué voces escuchar?

Si escuchamos voces que no nos conducen a encontrar nuestra felicidad en Jesús, no debe sorprendernos que no tengamos suficiente alegría en la vida. En cambio, si elegimos escuchar voces que nos apuntan a la Fuente de toda felicidad, nuestras vidas se llenarán del fruto de esas voces.

Debemos elegir escuchar a las que dan y protegen nuestra felicidad, porque nuestras vidas terminan pareciéndose a las voces que decidimos seguir. Debo tener cuidado de a quién escucho, a fin de poder proteger mi corazón y mi felicidad.

Más que cualquier otra voz, procuremos escuchar la voz de Dios que desea que nuestra alegría sea completa. Él nos dice: «Mis ovejas escuchan mi voz; yo las conozco, y ellas me siguen» (Juan 10:27, NTV). Escucha su voz, y siempre encontrarás el camino a la felicidad.

¿Qué voces llaman tu atención? ¿Son las voces de los amigos, las redes sociales, las Escrituras, las guías devocionales o los predicadores? Haz una lista de todas las cosas que lees, escuchas o prestas atención con regularidad, y luego escribe una «F» junto a las fuentes que te llevan a sentirte feliz. ¿Hay alguna fuente en tu lista que quieras cambiar? Sí o no, ¿por qué?

CÓMO LIBRARNOS DE PREOCUPACIONES

Si alguna vez ha habido una madre que entendiera lo que es sentir dejar ir a su hijo y confiar en Dios, esa fue Jocabed, la madre de Moisés. No puedo imaginar siquiera el terror que debió soportar cuando el faraón ordenó la muerte de todos los bebés israelitas. Tuvo que haber pensado en millones de formas de salvar a su hijo de los egipcios.

Entonces, lo puso en una cesta a prueba de agua y esperó el momento oportuno para enviarlo al río Nilo, a la espera de su seguridad y no su muerte. ¿Te puedes imaginar cuánto se aferraba a esa cesta? De milagro hizo lo que a muchas de nosotras nos resulta imposible: entregó su bebé y su futuro en las manos de Dios.

Rendirse no es una tarea fácil (aun cuando no se trate de hacer que tu bebé flote por un río infestado). Es muy fácil aferrarse a las cosas que nos resultan queridas: nuestros hogares, trabajos, matrimonios, hijos. Esas cosas son buenas y, por supuesto, debemos aferrarnos a ellas, siempre que lo hagamos en obediencia a lo que Dios quiere para nosotras.

Sin embargo, el temor nos dice que mantengamos el control de las cosas que más nos importan. Nos lleva a creer que estamos siempre a punto de perderlo todo. Creerle al temor nos impide disfrutar de la vida. ¡Estamos muy ocupadas tratando de controlar todo lo que tenemos solo por un momento de paz! En cambio, no hay paz en esa clase de vida.

¿Cómo pasamos de ser una hermana estresada a una seguidora llena de fe? Tenemos que practicar la presencia de Dios cada día. Lee su Palabra, ora por su paz y cree su promesa porque «en el amor no hay temor, sino que el perfecto amor echa fuera el temor» (1 Juan 4:18, LBLA). Al practicar su presencia, no depositamos nuestra confianza en lo que *nuestras* manos pueden proporcionar, sino en lo que proporcionan *sus* manos. Avanzamos y reconocemos que con nuestra preocupación no podemos lograr lo que puede lograr Dios con su paz.

Libérate de tus preocupaciones, y recibe la paz y el poder de Dios. ¡Parece un negocio genial!

Escribe una lista de tus preocupaciones y, una a una, entrégaselas a Dios.

____

____

ÁMENSE UNOS A OTROS

Cuando Mark y yo nos casamos, solía provocar todo tipo de drama con mi necesidad de que supiera lo que pensaba, sentía o me hacía falta en cada momento. Si no podía leer mi mente, saltaría en seguida de: «No se dio cuenta que necesitaba que sacara la basura» hasta «A Mark no le importan mis necesidades».

Era encantadora, ¿verdad? Ahora nos reímos de eso, pero al principio fue todo un desafío. Opino que nos resulta fácil creer que, solo porque alguien no sepa lo que pensamos o sentimos, no se interesan en nosotras. Sin embargo, eso no es cierto. En cualquier día dado, puede que Mark tenga un millón de cosas que hacer, desde actividades después de la escuela, averías de electrodomésticos hasta llevar al perro al veterinario. Con el tiempo, ¡descubrí que es muy posible que Mark me ame *y* que no sepa lo que pienso o siento!

La verdad es que el Enemigo de este mundo quiere dañar las relaciones causando malentendidos y falta de comunicación. Lo hace para robar nuestra felicidad. Por eso el libro de 1 Pedro nos dice que vivamos «en armonía los unos con los otros; compartan penas y alegrías, practiquen el amor fraternal, sean compasivos y humildes» (3:8). Si me convenzo de que Mark no me conoce o no me ama (incluso por cosas simples como sacar la basura), el Enemigo puede usar esos sentimientos para abrir una brecha entre nosotros.

En cambio, aprendí a darle a Mark el beneficio de la duda. Creo lo mejor de él en lugar de creer lo peor. Es sorprendente la diferencia que este pequeño cambio de mentalidad ha marcado en nuestro matrimonio.

La próxima vez que quieras creer lo peor de una persona o situación, intenta sustituir esos pensamientos dándole a esa persona el beneficio de la duda. Da por sentado lo mejor de esta y tus sentimientos positivos traerán como resultado acciones positivas.

Cuando piensas en una persona o situación problemática con la que estás lidiando ahora, ¿cómo puedes cambiar tus pensamientos para darle a esa persona el beneficio de la duda? ¿Darle a esa persona el beneficio de la duda cambia la forma en que te sientes respecto a la misma o a la situación? ¿De qué manera?

____

____

REFLEXIÓN

6

FELIZ EN UN MUNDO DE LOCOS

Se puede decir no a locos innecesarios.

LA VIDA NO ES UN TABLERO DE PINTEREST

No se me dan bien las manualidades y tampoco hago ejercicio (de verdad), de modo que cuando Pinterest salió por primera vez, lo cierto era que no entendía por qué era tan popular. Sin embargo, a medida que crecía su popularidad, se convirtió en mi lugar para ir en busca de inspiración. ¿Quiero tener unas vacaciones soñadas, tomar la foto perfecta en una fiesta de cumpleaños o dejar a las personas boquiabiertas con mis habilidades culinarias? Con Pinterest, estaba a solo un clic de distancia de la perfección motivadora de envidia.

Con el tiempo, desarrollé una relación de amor-odio con Pinterest. Seguro, me encantaba coleccionar miles de imágenes de lugares que soñaba visitar, y recetas sofisticadas y complicadas que nunca cocinaré. No obstante, toda esa perfección entraba en conflicto con una parte fundamental de mí: no soy perfeccionista.

En vez de sentirme inspirada por las ideas, me sentía culpable de que no satisfacía determinadas expectativas poco reales. Al final, me pregunté: *¿A quién trato de impresionar con todo esto?*

Eso es lo que sucede cuando comparamos de manera inconsciente nuestra vida real con las imágenes preparadas, decoradas y perfectas de Pinterest:

nos roba la felicidad. El libro de Gálatas nos instruye: «Cada uno examine su propia obra, y entonces tendrá motivo para gloriarse solamente con respecto a sí mismo, y no con respecto a otro. Porque cada uno llevará su propia carga» (6:4-5, LBLA).

Cuando vivimos la vida para la que nos crearon, encontramos felicidad y contentamiento. Así que no dejes que Pinterest (o la perfección) te robe la felicidad este año. Siéntete contenta con la persona para la que te creó Dios y la manera sencilla en que Él nos llama a disfrutar nuestra vida. En mi caso, es tener pequeñas fiestas familiares de cumpleaños con todos mis muchachos sentados alrededor de la mesa familiar. En realidad, ninguno de nosotros disfruta de las fiestas grandes y elaboradas (agotadoras), por lo que aceptar la manera en que nos creó Dios y tener pequeñas fiestas familiares, nos hace sentir en sí más felices como familia. (¡Y también es económico! ¡Un valor añadido!).

Como un desafío adicional para ti, durante los próximos siete días tómate un descanso de algo que haces a menudo y que te hace sentir «menos que». ¡Escribe tus pensamientos durante esos siete días y mira si no descubres algo de libertad!

LA LISTA PARA DEJAR DE HACER

Durante los primeros cinco minutos de casi todos los días, empiezo a acordarme de todas las cosas que tengo que hacer. Cuando me dirijo a la cocina, recuerdo más cosas que necesito hacer. Y cuando veo mi Biblia en la mesita de la sala, me acuerdo de todavía más cosas que debo hacer. Muy pronto, mi día de veinticuatro horas se llena de treinta horas de cosas por hacer.

Cuando mi horario diario se llena con demasiadas tareas pendientes, casi siempre hay una razón. Me gustaría decir que es porque soy una Supermujer y puedo vencerlas con mi superfuerza y velocidad. Sin embargo, es mucho más probable que la motivación para mi agenda demasiado llena sea que me sienta culpable si elimino algo.

Si quiero ser una buena esposa, madre, dueña de un negocio y escritora, por supuesto que tengo que hacer todas esas cosas. Y si no hago todas las cosas de mi lista, no soy fiel a lo que me ha dado Dios, ¿verdad?

Error.

Me viene a la mente la ocasión en que Jesús va a la casa de María y Marta. Mientras Marta trabaja de manera incansable para cocinar y limpiar para sus invitados, María elige sentarse a los pies de Jesús. Entonces, cuando Marta se queja con Jesús de que María no la ayuda, Jesús dice: «Marta, Marta, tú estás preocupada y molesta por tantas cosas; pero una sola cosa es necesaria, y María ha escogido la parte buena, la cual no le será quitada» (Lucas 10:41-42, LBLA). María hizo lo único que era necesario: se sentó a los pies de Jesús.

Solo imagina lo diferentes que podrían ser nuestras vidas si nos detuviéramos, dejáramos de llevar más carga de trabajo y solo pasáramos un tiempo sentadas a los pies de Jesús.

En lugar de acumular más trabajo, pasa un tiempo con el Señor y pídele que te revele las cosas de las que necesitas deshacerte, a fin de poder vivir una vida más feliz en Él. Pídele que elimine las cosas que no son su voluntad. Mientras Él te guía, escribe tres cosas que están en tu lista para dejar de hacer.

____

____

____

DE FUERA DE CONTROL A LA GRACIA

De vez en cuando tengo que luchar con el TPTB. ¿Qué es el TPTB? Trastorno postraumático por el bebé. Si ya pasaste por los terribles dos y los tiránicos tres, sabes a lo que me refiero. Todos mis hijos dejaron atrás esos años, pero de vez en cuando me vienen a la mente esos preciosos momentos, y mis párpados se mueven con nerviosismo. Berrinches en la tienda Target. Lloriqueos en la de Walmart. Mordidas a la niñera. Negarse a moverse porque no los dejábamos bañarse fuera en enero.

Aunque nos sintamos tentadas a pensar que esos momentos se limitan a nuestros niños, no nos engañemos. Esos momentos nos pasan a nosotras también.

Al igual que nuestros niños pequeños, cuando nuestros horarios sobrecargados y las demandas de la vida son más de la cuenta para lidiar con esto, nos abrumamos con emociones fuera de control.

Cuando estamos más ansiosas o irritables de lo normal, es un buen momento para acudir a Jesús y preguntarle qué actividades o responsabilidades debemos abandonar. ¿Cuáles son las actividades que producen más fruto? Gálatas nos dice: «El fruto del Espíritu es amor, alegría, paz, paciencia, amabilidad, bondad, fidelidad, humildad y dominio propio. No hay ley que condene estas cosas. Los que son de Cristo Jesús han crucificado la naturaleza pecaminosa, con sus pasiones y deseos» (5:22-24).

A veces tenemos que decir no, incluso a cosas buenas, si queremos permanecer saludables en lo emocional.

Pregúntale a Jesús qué actividades y responsabilidades imponen demasiadas demandas en tu vida y causan que tus emociones se descontrolen. Luego, suelta las cosas que Él te guía a dejar. Anota tus pensamientos y cualquier idea que te dé Él.

LAS TEMPORADAS Y LOS NIVELES DE CAPACIDAD

Hay ocasiones en que extraño la etapa de bebé en la crianza de los hijos. Los arrullos y mimos, las risitas y las sonrisas flatulentas. Gran parte de esto fue maravilloso en gran medida. No obstante, repito, si me preguntaras si deseo tener otro bebé, te diría que estás loca. Esta matriz está cerrada de manera oficial.

Ahora disfruto un nivel de libertad que no tenía cuando los pequeños estaban a mi alrededor. Todo el tiempo estaba tan ocupada cambiando pañales, dando de comer, sacando gases, extrayendo leche y acostándolos a dormir la siesta que tenía muy poco tiempo para mí.

A menudo me sorprende la capacidad que tenía para hacer las cosas cuando criaba a nuestros bebés. Quiero decir, imagina solicitar un trabajo con las mismas horas (y horario de sueño) que se necesita para criar a un bebé. Mi vida ahora parece un paseo en comparación con esos días.

Gracias a Dios, ninguna temporada en la vida dura para siempre. Tenemos las temporadas de locura (como los años de la infancia), tenemos las temporadas de calma (como los años de nidos vacíos), y tenemos todas las temporadas intermedias. El libro de Eclesiastés nos dice: «Hay una temporada para todo, un tiempo para cada actividad bajo el cielo» (3:1, NTV).

Nuestra capacidad de cuánto emprendemos depende de la temporada en la que estemos. Entonces, cuando estamos en una temporada en la que tenemos una capacidad muy limitada para cualquier cosa adicional, puede parecer que nos quedaremos atrapadas allí para siempre. La buena noticia es que las temporadas cambian, y antes de que te des cuenta, puede que hasta recuerdes con cariño esas alocadas épocas de tanto trabajo.

Identifica cuánta capacidad tienes en esta temporada. Dibuja una batería (como la de tu teléfono) y colorea la duración de la batería que crees que te queda. Si te sientes como si no tuvieras suficiente capacidad para la temporada en que estás, reduce tu lista de tareas pendientes, a fin de que logres encargarte de las tareas que debes hacer por obligación. ¡Serás más feliz por eso!

EN LA CLARIDAD Y EN LAS PUERTAS CERRADAS

En un mundo lleno de puertas abiertas de oportunidades y obligaciones, ¿a quién se le ocurre que debemos saber qué puertas debemos atravesar?

¿Cuáles son oportunidades que Dios nos envía y cuáles son obligaciones que nos hemos convencido que tenemos que hacer?

¿Sabes lo que hago cuando no puedo decidir qué hacer?

Oro para que Dios cierre puertas. Dios nunca cerrará las puertas que vienen de Él.

Tiene sentido para mí que el Enemigo de este mundo quiera confundirme con puertas abiertas que no son de Dios. De la misma manera, también tiene sentido que si oro para que Dios cierre puertas, ¡no va a cerrar las que vienen de Él! Me encanta la forma en que lo describió el apóstol Santiago: «Si a alguno de ustedes le falta sabiduría, pídasela a Dios, y él se la dará, pues Dios da a todos generosamente sin menospreciar a nadie» (1:5).

Cuando me siento confundida porque veo muchas puertas abiertas, recuerdo esto: Dios no me obliga a hacer nada. Me dio libre albedrío y la oportunidad de escogerlo, de amarlo y de servirlo a Él.

La oportunidad es muy diferente de la obligación. Las vidas llenas de obligación no son felices. A menudo adquieren un punto de vista sombrío y oscuro del mundo. En cambio, las vidas llenas de oportunidades son más brillantes, positivas y sí... más felices.

Dedica unos minutos para preguntarle a Dios sobre una decisión con la que estás luchando en tu vida. Ora y pídele a Dios que cierre puertas. La que quede abierta será la de Él.

LA ACTITUD PARA LA FELICIDAD

Una vez me pidieron que dirigiera un comité y dije que sí antes de preguntarme siquiera a mí misma (ni al Señor) si debía hacerlo, si tenía el tiempo para hacerlo, o si tenía las habilidades y los recursos necesarios para hacerlo.

Si me hubiera detenido para hacer esas tres preguntas, podría haberme ahorrado (a mí y a los otros) mucha frustración. En su lugar, solo seguí adelante, detestando cada momento la experiencia y haciendo que todos los demás involucrados la detestaran (o a mí) también.

Resulta que mi actitud en cuanto al trabajo a realizar tuvo una gran influencia en el trabajo en sí mismo, en las personas a las que dirigía y en cómo me sentiría cuando se terminara la tarea.

En esa temporada de mi vida, dije sí muchísimas veces. Y en consecuencia, me sentía desdichada. Pensaba que si solo apretaba los dientes y seguía hacia adelante, superaría cualquier cosa. Déjame decirte que, en ese tiempo, ¡era insoportable estar cerca de mí!

Nuestra actitud tiene mucho que ver con la forma en que hacemos las cosas que se nos piden. (Y todos los padres en el fondo dijeron: «¡Amén!»).

Nuestra actitud hacia algo define cómo lo pensamos, lo que a su vez determina cómo actuaremos y, a fin de cuentas, cómo nos sentiremos en cuanto a nosotras mismas.

Eso es muy cierto en cuanto a nuestra respuesta a las cosas que Dios nos llama a hacer. Su Palabra nos dice: «Ya sea que coman o beban o hagan cualquier otra cosa, háganlo todo para la gloria de Dios» (1 Corintios 10:31). Con demasiada frecuencia es fácil pasarnos la vida como una esclava, viviendo nuestro llamado con un corazón de obligación en vez de un corazón de gozo.

Dios nos creó para que fuéramos felices, para que encontráramos alegría en las cosas que nos llama a hacer en este mundo. ¡Y eso es algo a lo que puedo decir «SÍ»!

Hoy, pregúntate qué has estado haciendo con una actitud negativa, y escribe algunos pensamientos sobre cómo puedes cambiar eso. Estarás más feliz con el resultado y contigo misma cuando tu actitud refleje un cambio positivo.

MUÉVETE

Cuando empiezo a sentirme estresada y perezosa, algunos mensajes comunes se traman en mi vida. Uno de ellos es que dejo de hacer ejercicios. Para mí, parece que el ejercicio es lo único en mi agenda que no tengo que hacer *en realidad*. Es más, si me conoces, sabes que solo ponerme pantalones de yoga y pensar en hacer ejercicios debería contar como el ejercicio físico del día. La mayoría de las veces, la idea de hacer ejercicios es como la guinda del pastel de un mal día. (Solo digo la verdad aquí).

Sin embargo, los investigadores nos dicen una y otra vez que el ejercicio es beneficioso para nosotras tanto de manera física como emocional[1]. No solo estamos más alertas físicamente cuando hacemos ejercicios, sino que también observamos mejoras notables en nuestra salud mental y emocional en general. ¡Se siente bien!

Vivir una vida feliz en misión para el reino significa que necesitamos ser fuertes de forma física, espiritual y emocional. Incluso si se trata de una simple caminata de veinte minutos, ¡salir y buscar algunas endorfinas nos hará sentir más felices! La Palabra de Dios nos pregunta: «¿Acaso no saben que su cuerpo es templo del Espíritu Santo, quien está en ustedes y al que han recibido de parte de Dios? Ustedes no son sus propios dueños; fueron comprados por un precio. Por tanto, honren con su cuerpo a Dios» (1 Corintios 6:19-20).

Y a pesar de que todavía tengo una relación de amor-odio con el ejercicio, me encanta cómo me siento después, y me encanta saber que hago mi parte para vivir una vida feliz y saludable.

¿Qué puedes empezar a hacer hoy que te ayudará a moverte? A fin de mantenerte motivada y ser responsable, busca una o dos amigas que puedan iniciar ese viaje de ejercicios contigo.

HUYE DE LA TIRANÍA DE LO URGENTE

Dios debe divertirse con nosotras. Corremos tratando de hacer mucho, buscando a cada momento el ritmo en un mundo que nos abruma. La realidad es que si redujéramos la velocidad y le preguntáramos qué es lo importante de veras, podríamos sorprendernos de lo que Él podría lograr por medio de nosotras. Efesios nos dice que Dios «puede hacer muchísimo más que todo lo que podamos imaginarnos o pedir, por el poder que obra eficazmente en nosotros» (3:20).

La tiranía de lo urgente nos dice que lo importante es lo que está ahora. Vivimos la vida como esclavas de las necesidades incesantes de este tirano, siempre sintiendo como si nos quedáramos atrás y nunca pudiéramos estar al día. Hay demasiados correos electrónicos sin responder, hay decenas de mensajes de voz que no has respondido, hay demasiada ropa para lavar en el piso, sin mencionar que todavía no has preparado la cena para tu familia.

Cuando la tiranía de lo urgente domina nuestras vidas, queda poco espacio para Dios o para otros, y mucho menos tiempo para nosotras mismas. No podemos servir a dos señores. Necesitamos desaprender los hábitos que nos mantienen siempre ocupadas y aprender cómo dejar lo inacabado para mañana. Eso puede esperar. Podemos tomar un respiro, reducir la velocidad y dedicar un momento para considerar si toda nuestra agitación nos ayuda de veras a lograr las cosas importantes de la vida.

Ese mensaje de texto puede quedar sin respuesta si nos quita el tiempo con Dios. La respuesta de ese correo electrónico puede esperar si eso significa que dormirás lo suficiente esta noche. Esa tarea puede esperar si eso significa que pasarás más tiempo de calidad con tu familia.

Lo urgente es un rey tirano. Sin embargo, por fortuna, el Rey al que servimos nos liberó para vivir una vida que nos traiga gozo.

¿Qué hábitos estableciste que te mantienen esclava de la tiranía de lo urgente? Hoy, dedica un momento para reducir la velocidad y pedirle a Dios que te muestre lo que es importante de veras.

____

____

____

SUFICIENTE

A veces parece como si nuestro mundo siempre nos estuviera diciendo que hagamos más y que tengamos más. Sentimos que, para estar satisfechas por completo con la forma en que llevamos la vida, necesitamos marcar todas las casillas que nos dice el mundo. ¿Un estilo de vida imposiblemente saludable? Comprobado. ¿Vacaciones demasiado caras? Comprobado. ¿Perfecta decoración de la casa? (¿Revestimiento interior, el que sea?). Comprobado.

¿Cuántas de nosotras dedicamos una cantidad de esfuerzo increíble para tratar de completar la lista de tareas pendientes del mundo, solo para darnos cuenta de que la lista nunca termina en realidad? Pasamos nuestro precioso tiempo tratando de hacer más y tener más, con la esperanza de no perdernos todo lo que tiene que ofrecer la vida. (El FOMO [por sus siglas en inglés del temor a perderse algo] es real, para que lo sepas). ¿Soy yo la única que quiere gritar: «¡Suficiente!» y salir de esta locura?

En los momentos en que me siento tentada a creer que suficiente nunca será suficiente, recuerdo el cuidado de Dios por los israelitas en el desierto. Incluso cuando hicieron un terrible desastre de sus vidas, no cambió la forma en que les proveyó Dios. Cada mañana había maná fresco para comer.

Cuando la lista de tareas pendientes de nuestra vida parece gritar que no tenemos lo suficiente, o no hemos hecho lo suficiente, nuestro Padre nos da nuestro pan de cada día. ¿Sientes la libertad que viene con esa verdad? Nuestro Dios considera de manera personal nuestras necesidades y provee para nosotras. Jesús nos dice: «No se preocupen por su vida, qué comerán o beberán; ni por su cuerpo, cómo se vestirán. ¿No tiene la vida más valor que la comida, y el cuerpo más que la ropa? Fíjense en las aves del cielo: no siembran ni cosechan ni almacenan en graneros; sin embargo, el Padre celestial las alimenta. ¿No valen ustedes mucho más que ellas?» (Mateo 6:25-26). Nos liberamos de nuestra preocupación de ser más y tener más cuando confiamos en su provisión.

Amiga, ¿en qué estás tentada a sentir como si necesitaras más de lo que provee Dios? Escribe esas cosas a continuación, en la página de Reflexión al final de esta sección o en tu diario. Hoy, descansa en la verdad de que nuestro Dios provee todo lo que necesitamos para este día.

____

____

____

REFLEXIÓN

7

CUANDO LA FELICIDAD ES DIFÍCIL

Cuando luchas por tu gozo, siempre vale la pena.

VIERTE LO BUENO

Me encanta alimentar a los colibríes de mi patio durante el verano. Les preparo comida nueva cada domingo por la tarde con una solución de agua, azúcar y unas gotas de colorante rojo. Es sorprendente cómo unas pequeñas gotas de colorante rojo transforman toda la jarra de agua. Con solo revolverla, el agua se vuelve roja.

¿No es eso lo que nos puede hacer una experiencia dolorosa? El dolor de una experiencia puede colorearnos la vida al igual que esas gotas de colorante rojo lo hace en el agua.

La única forma de eliminar el colorante rojo del agua es seguir vertiendo agua dulce hasta que desaparezca lo rojo. Cuando estamos heridos, tenemos que seguir vertiendo lo que es bueno, lo que es saludable y lo que es útil hasta que el dolor desaparezca también.

La noche antes de su muerte, Jesús les dejó a sus discípulos las siguientes palabras: «Yo les he dicho estas cosas para que en mí hallen paz. En este mundo afrontarán aflicciones, pero ¡anímense! Yo he vencido al mundo» (Juan 16:33). Jesús conoce el dolor y el quebrantamiento de nuestras vidas, y nos ha dado paz a través de su dolor.

En los momentos dolorosos de la vida, vierte esta verdad. A pesar de que conoceremos el dolor en este mundo, Jesús venció ese dolor. Y como un desbordamiento de agua dulce, el colorante de mi dolor se disuelve a medida que se vence con su paz.

Cuando decidas tener un año feliz, piensa en una experiencia dolorosa que estás lista para soltar, a fin de crecer y seguir adelante. Si te ayuda, escribe acerca del dolor que sentiste, o sientes ahora, y cómo puedes verter de manera intencional la bondad de Dios. Luego, comienza a verter porciones adicionales de lo que te hace feliz, de lo que te edifica, y sigue adelante hasta que se venza el dolor por la bondad de Dios. Escribe la experiencia a medida que avanzas.

LA IMPORTANCIA DE ESTAR PRESENTE

Era viernes por la mañana, y estaba sin energía. Al cabo de una larga semana de reuniones y de servir de chofer después de la escuela, estaba lista para un poco de tiempo para mí. Aun así, mi teléfono me envió *otro* recordatorio de mi reunión a las nueve de la noche con una amiga querida que necesitaba que la escuchara. Huy. Me di una pequeña charla motivacional (una que uso a menudo cuando no tengo deseos de hacer algo). Me dije: «¡Alli, ponte los pantalones de niña grande, métete en el auto y solo preséntate!». Sin embargo, ni mi charla dio resultado.

Mientras pensaba en un millón de excusas que podía usar para librarme del encuentro, me golpeó el egoísmo de mis pensamientos. Dios me había dado el regalo y la oportunidad de ser una buena amiga, y ahí estaba yo tratando de cambiarlo por un «tiempo para mí» con un paquete de chocolates y un lugar en el sofá. Mi amiga contaba con mi presencia, y Dios me recordaba esa sencilla verdad.

Puede parecer tonto o muy simple, pero el acto de presencia en la vida es más de la mitad de la batalla. El Enemigo quiere que huyamos y nos escondamos. Quiere que salgamos del juego antes de que tengamos siquiera la oportunidad de jugar.

Dios te puso aquí en esta tierra para hacer grandes cosas y, a veces, incluso cuando no queremos hacerlo en el momento, tenemos que hacernos presentes. Su Palabra nos exhorta: «Por tanto, también nosotros, que estamos rodeados de una multitud tan grande de testigos, despojémonos del lastre que nos estorba, en especial del pecado que nos asedia, y corramos con perseverancia la carrera que tenemos por delante» (Hebreos 12:1).

Dios te dio una carrera que nadie más puede correr. Te dotó con habilidades y oportunidades que son solo tuyas. Cuando me detuve a recordar eso, agarré mi paquete de chocolates y me dirigí a la casa de mi amiga. (El chocolate siempre es un buen regalo).

Escribe sobre alguna ocasión en la que decidiste no presentarte. ¿Cuál fue tu razón? ¿Fue miedo, preocupación, cansancio? Al Enemigo le gusta mantenernos complicadas en algún tipo de enredo que nos impida hacer acto de presencia. Sin embargo, ¡escríbete hoy una charla motivacional que te mantenga avanzando hacia la línea de meta!

EN BUSCA DE LA FELICIDAD CUANDO LOS DÍAS SON DIFÍCILES

¿Alguna vez has vivido una época en la que te parece que estás destrozada? Recuerdo las semanas y meses que siguieron a la revelación de Dios que me dijo que abandonara *BlissDom*, una pequeña conferencia internacional de negocios que dirigía. Dios me concedió *BlissDom* durante un tiempo en la vida cuando sentía como si no tuviera nada que ofrecerle al mundo. Era una fuente de vida, fortaleza y esperanza. Y aquí me pedía que abandonara eso.

A pesar de que sabía que dejar *BlissDom* era lo que Dios quería que hiciera, no lo hacía más fácil. Mark se había retirado de un gran empleo para estar en casa con los niños, y *BlissDom* fue lo que nos permitió dar ese paso. Ahora, ni Mark ni yo teníamos empleo, y no sabíamos lo que nos depararía el futuro. Caminábamos por fe, pero todavía me sentía paralizada por el temor y la preocupación.

Mi lucha durante esa época me recordó a los discípulos de Jesús cuando los atrapó una tormenta en el mar de Galilea. Las olas eran demasiado grandes, los vientos eran demasiado fuertes y Jesús tomaba una siesta en la barca. Entonces, cuando los discípulos le dijeron que se iban a ahogar, Jesús solo le dijo a la tormenta que se detuviera, y así fue. Los discípulos les temían al viento y al agua cuando el Hacedor de ambos estaba allí a su lado.

Es más fácil buscar la felicidad cuando la vida es un paseo, pero cuando se trata de una época de la vida donde las cosas son difíciles, y solo mantenemos la cabeza fuera del agua, buscar la felicidad puede parecer una tontería. Ten en cuenta que, incluso en la tormenta, Dios está contigo. No te ha abandonado. Te ama y te ayudará a salir adelante. El Salmo 145 nos dice: «El Señor está cerca de todos los que le invocan» (v. 18, LBLA). Lucha para encontrar tu gozo. Esfuérzate por encontrar tu alegría y mantente cerca de Dios, la fuente de toda la felicidad, hasta que pase el tiempo de dificultad.

Para mí y mi familia, eso significó que Dios tenía un plan mejor para nosotros. Proveyó los siguientes pasos y me guio a mi próxima temporada trabajando con un ministerio, dando conferencias y escribiendo. Si no hubiera confiado y obedecido cuando las cosas no tenían sentido, en mi desobediencia me habría perdido el futuro que Él planeó para mí.

Escribe acerca de un tiempo en el que pasaste una época de dificultades y Dios te ayudó. Ahora, recuerda que lo que Dios hizo antes, lo hará de nuevo.

EL VALOR DE PERDONAR

¿Quién fue la última persona que te lastimó de veras? Me refiero al tipo de herida que se adhiere mucho después de ocurrida la ofensa; una herida que no desaparece, sin importar cuánto intentes curarla.

Casi todas podemos identificar quién fue esa persona y lo que dijo con exactitud. Nuestros dolores y heridas tienen la habilidad de permanecer con nosotras, a pesar de nuestros mejores esfuerzos por dejarlas atrás.

Sin embargo, cuando cargamos con esas heridas, la ira que proviene de las mismas se manifiesta y crece en un espíritu de amargura y ofensa. Cuando nuestros corazones se amargan y ofenden, vivimos la vida dolidas y vemos cada interacción a través de los lentes de ese dolor.

Entonces, ¿cómo podemos liberarnos, liberarnos por completo, del peso de nuestras ofensas y nuestro dolor? Podemos elegir perdonar y hacer por otros lo que Jesús hizo por nosotras.

Perdonar no significa que la traición esté bien.

No significa que lo que la persona te hizo está bien.

El perdón es un regalo para ti misma, no una liberación de culpa para el infractor. Te libera del peso de cargar todo ese dolor y esa ira. El libro de Colosenses nos dice: «Sean comprensivos con las faltas de los demás y perdonen a todo el que los ofenda. Recuerden que el Señor los perdonó a ustedes, así que ustedes deben perdonar a otros» (3:13, NTV). ¿No te parece que eso es bueno para tu alma?

Cuando perdonamos a los demás, depositamos la carga de nuestras heridas en Aquel que recibió nuestros latigazos y sufrió nuestras ofensas.

Dedica unos minutos a fin de orar por el dolor que te causó alguien. Ora y pídele al Señor que te dé la fuerza, el valor y la paz para perdonar. Puede que te resulte útil orar: «Señor, perdono a (inserta su nombre aquí). No me debe nada, ni siquiera una disculpa». No será fácil, pero será liberador.

DIOS LE DA UN PROPÓSITO AL DOLOR

No podía creerlo cuando nuestra casa entró en una ejecución hipotecaria. *¡Ejecución hipotecaria!* Mark perdió su trabajo y, luego, lo perdimos todo. Teníamos una casa cara, bonitos autos y un estilo de vida cómodo que indicaba el hecho de que lo habíamos logrado. Sin embargo, poco sabíamos que Dios usaría esta temporada de dolor a fin de aflojar nuestras manos de nuestro sentido de control para que pudiéramos encontrar el gozo al saber que nuestro Dios siempre tiene el control.

Lo último en lo que tendemos a pensar cuando atravesamos una tormenta dolorosa en la vida es en la felicidad. En cambio, cuando has caminado con Jesús el tiempo suficiente, comienzas a aprender que Él usará la tormenta, y el crecimiento que a menudo viene con ella, para tu bien en la próxima temporada.

Mi familia y yo vivíamos como si nuestra felicidad dependiera de nuestras posesiones materiales, pero Dios nos mostró que era todo lo contrario. Cuando lo perdimos todo, y las únicas cosas que teníamos éramos los unos a los otros y a Dios, encontramos el verdadero gozo, pues quitamos nuestro enfoque de las cosas materiales y regresamos a Dios, y a lo que Él quería para nuestras vidas.

En vez de seguir enfocados en mantenernos a la altura de los vecinos, nos reconectamos como familia y encontramos la verdadera felicidad.

Recibe el consuelo de saber que tu dolor siempre tiene un propósito. La Palabra de Dios explica cómo un propósito de nuestro dolor es que nos permite ministrar a otros en su dolor: «Alabado sea el Dios y Padre de nuestro Señor Jesucristo, Padre misericordioso y Dios de toda consolación, quien nos consuela en todas nuestras tribulaciones para que, con el mismo consuelo que de Dios hemos recibido, también nosotros podamos consolar a todos los que sufren» (2 Corintios 1:3-4).

Nuestra felicidad se basa en nuestra relación con Jesús, y podemos mantenernos firmes en el conocimiento de que Él tiene un plan y se ocupará de nuestras tormentas dolorosas.

Si estás en medio de tu tormenta, dedica un tiempo para memorizar 2 Corintios 1:3-4. Escríbelo aquí o en tu diario. Una vez que lo escribas, señala lo que ese versículo significa para ti hoy. Luego, toma nota para regresar cuando haya transcurrido esta temporada y anota cómo Dios te vio a través de la misma.

SAL DEL ATASCO

Tengo un bajo nivel de temor a quedarme atrapada en un ascensor. Cada vez que se cierran las puertas, me pregunto si por fin ese será el momento en el que acabaré atascada allí para siempre, orando para que en el fondo de mi bolso tenga alguna barra de cualquier TIPO que no me haya comido.

Lo que más me asusta de quedarme atrapada en un ascensor es que no tendría la habilidad de hacer nada al respecto. Estaría a merced de que otros me saquen.

Lo gracioso es que, cuando me siento atrapada en la vida, me creo tan impotente en esos momentos como me imagino que me sentiría en el ascensor.

Cuando parece que la vida no va a ninguna parte, y da la impresión que no haya ningún movimiento en ninguna dirección, puede que creamos que estamos solas, o incluso que no haya ningún lugar donde podamos encontrar a Dios.

No obstante, la realidad es que Dios está con nosotras en esos momentos en los que nos sentimos atrapadas de la misma manera en que lo está cuando nos sentimos cerca de Él.

Todas pasamos por temporadas en las que nos sentimos atrapadas, cuando sentimos que nuestra pasión por Dios se está desvaneciendo y nuestro crecimiento en Él se ha detenido. En esos momentos es que debemos acercarnos más a Dios, pidiéndole una medida extra de visión y pasión por Él.

Si te sientes atrapada, perdida, sin rumbo, o quizá solo estancada, debes saber que Dios no te ha abandonado, sino que está obrando en ti para que te acerques más a Él. La Escritura afirma: «Pues Dios es quien produce en ustedes tanto el querer como el hacer para que se cumpla su buena voluntad» (Filipenses 2:13).

¿Estás en un lugar donde te sientes incapaz de avanzar en tu vida? Dedica un tiempo pidiéndole al Señor que te revele cómo está obrando Él en ti. Si no estás en ese lugar, piensa en formas en que puedes animar a otras personas que conozcas que quizá estén allí.

«MI PAZ LES DOY»

¿Qué te viene a la mente cuando piensas en la palabra *paz*? ¿Piensas en la escena de una masa de agua en calma? ¿Piensas en la firma de tratados? ¿Piensas en la ausencia de conflictos en tus relaciones? ¿Piensas en los momentos muy breves después que acuestas a los niños? En todos esos casos, hay paz, y aun así, cada ejemplo es solo una parte de lo que es la verdadera paz.

La noche en que lo traicionaron, Jesús les habló a sus discípulos acerca de la verdadera paz que aún tenían que experimentar. Tal vez pienses que caminar de manera física con Jesús sería suficiente para proporcionarles cada pizca de paz que necesitarían, pero Él les dio a entender que había un nivel de paz aún más profundo que no conocían todavía.

Aunque los discípulos experimentaran el mismo odio del mundo que soportó Jesús, los sostendría esta paz que va más allá de cualquier entendimiento humano.

No se trata de una paz momentánea que viene de este mundo, sino de una paz eterna que nos da Dios. Él dice en su Palabra: «Yo no se la doy a ustedes como la da el mundo. No se angustien ni se acobarden» (Juan

14:27). La clase de paz que Dios nos da es el conocimiento de que no importa lo que suceda en esta tierra, nuestra eternidad está segura en Él. Y también es el consuelo del Espíritu Santo que vive en nosotras. A través de la muerte y resurrección de Jesús, ¡tenemos una paz que permanece para siempre!

Si tu corazón se siente angustiado hoy (o la próxima vez que lo esté), trata de dirigirte a Dios de forma directa. Ora así: «Señor, mi corazón se siente angustiado hoy. ¿Me mostrarás tu paz en medio de este dolor y los pasos que debo dar en esa paz?». Luego, siéntate en silencio ante el Señor y deja que su paz te consuele.

NO SE SUPONE QUE SEA ASÍ

Cuando sucede algo malo, a menudo pensamos: *No se supone que sea así, Dios.* ¿Y sabes qué? Tienes razón. Las cosas *no son* como deberían ser.

Cuando Dios creó el mundo, había paz, belleza, orden y bondad en todas partes. Sin embargo, cuando Adán y Eva cayeron, se llevaron a toda la creación con ellos. La angustia, el dolor, el sufrimiento, la muerte, la pérdida y la aflicción entraron al mundo. Ahora, cuando miramos a nuestro alrededor, vemos su quebrantamiento y anhelamos lo que nuestras almas recuerdan del Paraíso. El apóstol Pablo describe este anhelo en Romanos 8: «Sabemos que toda la creación todavía gime a una, como si tuviera dolores de parto. Y no solo ella, sino también nosotros mismos, que tenemos las primicias del Espíritu, gemimos interiormente, mientras aguardamos nuestra adopción como hijos, es decir, la redención de nuestro cuerpo» (vv. 22-23).

Cuando anhelamos que las cosas sean diferentes, nos unimos al grito de la creación mientras gemimos juntos a fin de que Dios haga todas las cosas nuevas. Aunque la declaración: «No se supone que sea así» quizá sea precisa a la luz de la caída, no resulta útil. En realidad, es una afirmación que puede dejarnos sin esperanza si nos obsesionamos con ese modo de pensar por mucho tiempo.

En vez de luchar contra lo que es, liberemos nuestras expectativas de lo que «debería ser» y preguntar: «Señor, ¿cómo quieres que responda? ¿Qué quieres que sepa? ¿Qué quieres que aprenda? ¿Cómo usarás esto para fortalecerme o para ayudar a otros?». Al preguntarle al Señor cuáles deben ser nuestros próximos pasos, podemos avanzar más allá de lo que debería haber sido, y avanzar hacia la esperanza, la sanidad y, en última instancia, hacia la felicidad.

¿Qué es lo que te ha hecho decir: «Señor, no se supone que sea así»? Anótalo aquí o en tu diario. Ahora, hazle al Señor las preguntas anteriores. Al escribir tus respuestas, trata de no pensar demasiado en las cosas, sino solo escucha con paciencia al Señor.

EL PLAN DE DIOS PARA TU VIDA ES UNA PROMESA DE GRACIA

Jesús dijo: «*No* se turbe vuestro corazón» (Juan 14:27, LBLA, énfasis mío). Es más fácil decirlo que hacerlo, ¿cierto? A veces los problemas de la vida parecen venir en oleadas, y justo cuando imaginas que vas a poder tomar un respiro, otro te golpea.

Así fue durante una etapa en la que mi esposo, Mark, estuvo muy enfermo. De veras pensé que nunca se iba a poner bien. Veía a un nuevo médico, le recetaban nuevos medicamentos, y las cosas parecían prometedoras, solo hasta que llegaba otra oleada de enfermedad, un nuevo síntoma, una mala reacción a un medicamento o alguna otra cosa terrible que nos derribaba otra vez.

Créeme cuando te digo que nuestros corazones estaban turbados.

Entonces, ¿cómo mantenemos nuestras cabezas felices por encima del agua cuando parece que nos podemos ahogar? ¿Cómo cumplimos el mandamiento de Jesús de no dejar que nuestros corazones se turben?

He aprendido a hacer lo que hizo David cuando estaba escondido en una cueva, rodeado de enemigos. Pongo mi confianza en el Señor mi Dios (1 Samuel 30:6). Recuerdo que el plan de Dios para mi vida es bueno, y luego hago una oración de acción de gracias. Es más o menos así: «Señor, tú sabes que esto me ha derribado, pero sé que no quieres que viva así. Tienes un plan y eso me anima. Dame la fuerza para levantarme, recuperar el aliento y seguir adelante».

Amiga, el plan de Dios para tu vida es una promesa de gracia. Cuando tu corazón esté turbado, aférrate a esa promesa.

Al igual que tengo un mantra cuando mi corazón está turbado, intenta escribir tu propia mantra (tu verdad) que declararás sobre ti misma cuando tu corazón esté turbado.

REFLEXIÓN

8

SALUDABLE, FELIZ, COMPLETA

Tu salud y tu felicidad van de la mano.

EL PODER DE RECARGARSE

Me encanta mi iPhone. Casi nunca está fuera del alcance de mi mano durante el día. Cuando mi iPhone tiene la batería baja, todo el mundo se detiene hasta que logro recargarla.

¡Soy esa mujer que se sienta en el suelo en medio de un aeropuerto agitado mientras espero que se recargue mi precioso iPhone!

Me pregunto por qué no me doy la misma prioridad.

Dios modeló un ritmo de vida de seis días de trabajo y un día de descanso en el *sabat*. En Génesis, su Palabra explica sus intenciones para el *sabat*: «Al llegar el séptimo día, Dios descansó porque había terminado la obra que había emprendido. Dios bendijo el séptimo día, y lo santificó, porque en ese día descansó de toda su obra creadora» (2:2-3). Dios nos diseñó para tener ciclos de trabajo y descanso. Incluso, nos ordenó que nos acordáramos del *sabat* para santificarlo. Podrías pensar que uno de los mandamientos más fáciles de cumplir de los Diez Mandamientos es el *sabat*, pero muchas de nosotras no lo cumplimos en realidad.

Descansar lo suficiente cada semana y cada día nos ayuda a sentirnos mejor y a ser más felices.

Cuando la batería de mi vida se está agotando, tiendo a inventar excusas por las que necesito motivarme para seguir trabajando. Amiga, no hagamos eso este año. Tu año de felicidad depende de que descanses lo suficiente.

Hoy, permítete dejar de hacer algo, deja algo sin terminar, deja algo para más tarde y descansa. Como un acto de rendición de cuentas, al final del día de hoy, regresa a esta página, o a tu diario, y escribe lo que dejaste de hacer a propósito, a fin de tener tiempo para descansar.

____

____

____

____

____

____

____

TOMA EN SERIO EL JUEGO

Mi perra, Mollie, es una golden retriever que no le gusta atrapar los objetos que le lanzan. Su idea de jugar es acurrucarse, no traer objetos. A pesar de lo mucho que hemos tratado de enseñarla durante los últimos ocho años, no hemos logrado que traiga nada, pero sí toma en serio lo de acurrucarse. Esa es su versión de su tiempo de juego.

A todas nos hicieron con la necesidad de jugar. Los investigadores han comprobado que crecer sin la suficiente cantidad de tiempo para jugar de manera espontánea daña la salud, la creatividad y hasta provoca conductas antisociales[1]. En el caso de los adultos, el juego nos ayuda a liberar el estrés, reducir la ansiedad, aumentar la creatividad y sentirnos más felices.

¿Quién decidió que los adultos no deben jugar? Creo que, con el tiempo, los momentos de juego se eliminan por el peso de las responsabilidades y de los horarios cargados. Nos sentimos como si el juego fuera algo que solo teníamos la libertad de hacer en la niñez. Por tanto, como adultas, es fácil que nos creamos la mentira de que ya no tenemos derecho a tener tiempo para jugar. Sin embargo, la Palabra de Dios está en contra de esta falsedad cuando declara: «El ladrón no viene más que a robar, matar y destruir; yo he venido para que tengan vida, y la tengan en abundancia» (Juan 10:10).

Piensa en tu horario semanal y luego recuerda lo que te encantaba hacer cuando eras niña. ¿Tienes tiempo para hacer tonterías? ¿Sabías que en el Antiguo Testamento Dios les ordenó a los israelitas que celebraran e hicieran banquetes (es decir, fiestas)? Dios sabe que tenemos necesidad de divertirnos: ¡La idea fue suya!

Haz tiempo en tu agenda esta semana para jugar. ¿Me escuchaste bien? Ponlo en tu calendario como cualquier reunión importante, ¡porque es importante! Busca a una amiga y un juego de mesa, juega al disco volador con los niños, reúne a tus vecinas para un juego de adivinanzas, organiza tus propios Juegos Olímpicos en la sala... lo que sea que te parezca divertido, ¡hazlo!

____

____

____

LA IMPORTANCIA DEL CUIDADO PERSONAL

Llega un momento durante cada año escolar en el que la lista de tareas de mi familia se nos va de las manos. Desde las prácticas deportivas, los ensayos, las actividades de la iglesia, hasta la creciente montaña de ropa sucia, todo parece amontonarse *literalmente*. Cuando mi lista de tareas pendientes empieza su crecimiento acelerado, no demora mucho tiempo antes de que comience a intercambiar mis recetas de la dieta del paleolítico por un pedido extra de papas fritas. Y ese es solo el principio.

Muy pronto duermo menos, me estreso más, hago menos de las cosas que disfruto de veras y paso cada vez menos tiempo con Jesús. Estoy tan atrapada en tratar de atender las necesidades de todos los demás que me olvido de mi cuidado personal.

Sin embargo, cuidar de nosotras mismas de manera física (dormir lo suficiente, comer alimentos saludables), emocional (invertir en nuestra propia felicidad, evitar los monólogos negativos) y espiritual (permanecer en Jesús) es crucial para que podamos vivir una vida plena y feliz para la que nos crearon. Nos crearon para ayudar a cuidar de otros, ¿pero cómo podemos hacer eso si ni siquiera podemos cuidar de nosotras mismas?

En 1 Corintios 6:19-20, Pablo lo dice así: «¿Acaso no saben que su cuerpo es templo del Espíritu Santo, quien está en ustedes y al que han recibido de parte de Dios? Ustedes no son sus propios dueños; fueron comprados por un precio. Por tanto, honren con su cuerpo a Dios».

El apóstol Pablo nos recuerda que Dios nos dio nuestros cuerpos para que le adoremos. Incluso, va más allá para decir que nuestros cuerpos son el templo de Dios. Cuando cuidamos de nosotras mismas, cuidamos el cuerpo que Dios nos dio para adorarlo y servir a otros.

¿Cómo puedes practicar el cuidado personal con regularidad? Tal vez sea algo tan simple como tomar una siesta el domingo después de la iglesia. Sea lo que sea, da el siguiente paso y agrega el cuidado personal a tu calendario o agenda para hacerlo oficial.

RESPIRA PROFUNDO

Me encantan las películas. Voy a ver casi todas las películas que salen, en especial las más estresantes y llenas de acción. Cuando voy a ver esas películas de tanto estrés, me quedo pegada al asiento, incapaz de moverme, con los ojos como platos durante la mayor parte de la película. Una vez que la acción se aplaca un poco, me doy cuenta de que me olvidé respirar por quién sabe cuánto tiempo. ¡Estoy tan estresada que me olvido de respirar!

Es divertido cuando se trata de ficción, pero lo mismo sucede cuando me estreso en la vida real. Cuando estamos estresadas o infelices, tendemos a contener la respiración o a respirar más rápido o poco profundo. Los estudios demuestran que si nos detenemos y respiramos mientras estamos estresadas, eso ayuda a calmarnos de veras y hasta nos baja la tensión arterial. Incluso, los equipos Mar, Aire y Tierra de la Armada, uno de los grupos de operaciones especiales más elitistas del mundo, utilizan las técnicas básicas de respiración para ayudarlos a mantenerse en calma durante las situaciones más estresantes[1].

Aprender a ser conscientes de nuestra respiración nos ayuda a tener la seguridad de que recibimos suficiente oxígeno y a liberarnos del estrés, ¡lo que nos lleva a la felicidad!

No es una casualidad que Dios nos soplara aliento de vida y que luego nos recordara ese detalle a lo largo de las Escrituras. Cuando estamos estresadas, damos por sentada nuestra respiración y no reconocemos de dónde proviene. El libro de Job nos enseña: «El Espíritu de Dios me ha hecho, y el aliento del Todopoderoso me da vida» (33:4, LBLA). Cuando respiramos profundo, recordamos de manera física nuestra dependencia de Dios para todas nuestras necesidades.

Dedica tiempo hoy para darte cuenta de tu respiración y practica la respiración profunda. Puedes comenzar respirando mientras cuentas hasta cuatro, conteniéndola dos veces y libera el aliento mientras cuentas hasta cuatro. Y a medida que respiras hondo, permite que las palabras de Job te recuerden de dónde proviene tu aliento.

PERMÍTETE DESCANSAR

Estaba hasta el cuello con una planificación de una conferencia de mujeres y los plazos a fin de tomar las decisiones finales para la agenda se acercaban con rapidez. Había muchas cosas en las que pensar, muchos detalles que considerar y muchas decisiones que, al parecer, necesitaban mi opinión y aprobación. Corríamos contra reloj y el tiempo se acababa.

Para ser sincera, me encantaba la adrenalina y la electricidad de todo el proceso. Me hacía sentir viva al estar haciendo algo que parecía tan significativo. Sin embargo, una vez que se tomaron las decisiones y se hicieron los planes, la emoción de la temporada se desvaneció y me di cuenta de que estaba exhausta. No cansada. Exhausta. Mi cuerpo me había estado gritando que descansara, pero no podía disminuir el ritmo. Si lo hacía, podía *perderme* algo. (¿Alguien puede decir amén?).

Dios me decía que descansara. No me pedía que tomara un receso ni una siesta corta, sino que tomara un verdadero descanso sabático. No obstante, por supuesto, no escuché y sucedió lo inevitable: me desplomé. Con violencia. Y déjame decirte algo, desplomarse *antes* de una conferencia no es bueno. Me robó por completo mi alegría y felicidad que debí experimentar con un trabajo bien hecho.

Dios sabe que necesitamos un día de descanso, una jornada completa de descanso santo. Su Palabra nos instruye: «Acuérdate de guardar el día de descanso al mantenerlo santo» (Éxodo 20:8, NTV). Mantener algo santo significa apartarlo. Entonces, recordar el día de descanso significa que apartamos un día cada semana para descansar de nuestro trabajo, al igual que Dios descansó del suyo. Y cuando descansamos como lo hizo Dios, reduce la ansiedad, aumenta la felicidad y protege nuestro cuerpo de las enfermedades.

Si no tienes el hábito de tomar un día de descanso y reposar, dedica un tiempo hoy a escribir cómo puedes hacer espacio en tu vida para un día de descanso.

PROACTIVA, NO REACTIVA

Soy una planificadora. Como madre trabajadora de cinco hijos con cinco horarios diferentes, es una necesidad que todos los días se planifiquen bien con suficiente antelación. Si pierdo el control de una sola cosa pequeña, es como si se soltara el ancla que me mantiene conectada a tierra, y termino a merced de lo que sea que esté a continuación. Siempre puedo decir cuándo permito que una vida ocupada me robe mi felicidad, pues empiezo a ponerme reactiva y, créeme, la «Alli reactiva» no es una persona feliz.

Justo el otro día tuve un problema con mi internet (algo que no puedes prever). Para colmo de males, ese día tenía que entregar un trabajo para el que necesitaba internet y no tenía tiempo de conducir a otro lugar para tener acceso al wifi. Estaba estresada y me avergüenza confesar que la pobre persona de la compañía de internet obtuvo toda la fuerza de la «Alli reactiva».

¿Tal vez puedas verte reflejada?

La cosa es que mi reactividad no sucede de la noche a la mañana. Se arrastra hacia mí poco a poco, y casi siempre es porque no me cuidé. No dormí lo suficiente, me llené de comida chatarra en la carretera, no hice ejercicio alguno y permití que una agenda muy ocupada me lance puñetazos hasta que, por fin, uno de estos me alcanza.

El cuidado personal no significa que seas egoísta. Significa que somos proactivas a la hora de llevar nuestra propia carga de tal forma que honre a Dios y a otros. La Escritura nos dice que «cada uno llevará su propia carga» (Gálatas 6:5, LBLA).

Y cuando hacemos bien esto, nuestra naturaleza reactiva no tiene la oportunidad de robarnos la felicidad.

¿Cómo puedes empezar a detectar tu propia reactividad y responder de manera proactiva?

____

____

____

____

____

____

ENCUENTRA TU RITMO

A menudo me sorprende el ritmo de vida de algunas personas. Son capaces de prepararles a sus familias tres comidas de verdad al día, superar una carga de trabajo increíble, estar en todas las prácticas y las presentaciones de sus hijos, encontrar la oportunidad para hacer ejercicios y, al parecer, hacerlo todo con tiempo para leer los libros más recientes. Y aquí estoy yo, orgullosa de que hoy tuve un tiempo extra para ducharme.

La realidad es que casi ninguna de nosotras está diseñada como la Mujer Maravilla, y nos sentiríamos frustradas si tratáramos de seguir su ritmo. Sin embargo, he aquí una gran verdad para estas simples mortales: no tenemos que vivir de acuerdo al ritmo de otra persona.

Tengo una amiga que entrenó y corrió en un maratón. Me contó que al principio de la carrera lo hacía demasiado rápido, tratando de mantener competitivamente el mismo ritmo de las personas que la rodeaban. Sabía que si mantenía ese ritmo, nunca terminaría la carrera. Así que desaceleró al ritmo con el que se entrenó y terminó la carrera sintiéndose muy bien.

Aunque tal vez planifiquemos hacer esto y aquello, Dios nos invita a encontrar nuestro ritmo en Él. Cuando confiamos en que Dios ordena nuestros pasos, empezamos a vivir de acuerdo al ritmo de sus planes y propósitos.

Haz una pausa y considera esta verdad de Proverbios 16:9: «El corazón del hombre traza su rumbo, pero sus pasos los dirige el Señor». Cuando estamos seguras de que vivimos de acuerdo al propósito de Dios para nosotras, nuestro ritmo refleja su paz.

Si tu vida se siente caótica y fuera de control, tal vez estés corriendo la carrera de otra persona. Pasa un tiempo hoy pidiéndole a Dios que te ayude a encontrar tu ritmo y, luego, apóyate en su propósito con valentía.

DESCANSA UN POCO

Como ya te debes haber dado cuenta, me encanta ver películas. A veces, me gustan tanto que no presto atención a la hora ni a lo tarde que es. Sin embargo, lo que no me gusta es despertarme a la mañana siguiente después de acostarme a altas horas de la noche.

Mi reloj despertador parece sonar más temprano de lo normal en esos días, y pienso que preparo el café más fuerte que de costumbre. ¿Sabes qué otra cosa es habitual en esos días? Mi falta de felicidad.

Seamos realistas, una persona privada de sueño no es feliz. (Y todas las madres de recién nacidos dijeron: «¡Amén!»). Hay una razón por la que Dios descansó en el séptimo día de la creación, y no fue porque necesitaba una siesta. Así como Dios creó las cosas y las llamó buenas, cuando descansó, nos mostró que el descanso es igual de bueno. Su Palabra nos dice: «En vano madrugan ustedes, y se acuestan muy tarde, para comer un pan de fatigas, porque Dios concede el sueño a sus amados» (Salmo 127:2). El esfuerzo extra no es necesario; Dios desea que descansemos.

No sé lo que te mantiene despierta por la noche, pero sí sé que, al día siguiente, lamentamos la decisión de no tener en cuenta dormir como es debido. Cuando no descansamos lo suficiente, todos los que nos rodean pagan el precio.

Por muy cursi que parezca, tengo una alarma en mi teléfono que me recuerda que debo prepararme para ir a dormir. De esa forma, cuando me siento tentada a «hacer un maratón nocturno» para terminar una tarea o quedarme levantada hasta tarde para terminar de ver mi serie favorita, mi alarma se dispara y me digo: «Descansa un poco para dar lo mejor de ti».

Sé que una buena noche de sueño es tan importante para mi felicidad (y la felicidad de quienes me rodean) como lo es el día de descanso semanal.

Esta noche, ajusta una alarma en tu teléfono para que recuerdes que debes alistarte para ir a dormir. Antes de acostarte, date al menos veinte minutos sin tu cara frente a una pantalla. Puedes tomar un baño o una ducha tibia, orar o relajarte, y luego repasar tu lista de gratitud mental.

REFLEXIÓN

9

ELIGE LA FELICIDAD

La elección es de veras tuya.

ELIGE SER FELIZ

Es posible que hayas escuchado el viejo dicho de que todos somos tan felices como decidamos serlo. Parece trillado, pero tiene mucha sabiduría. Puedes tomar la decisión de ser feliz cada día, sin importar tus circunstancias. Entonces, ¿por qué casi ninguna de nosotras vive más feliz la vida?

Considéralo de esta manera: puedes decirte que vas a aprender a tejer durante todo el día, leer libros sobre esto, mirar los tutoriales de YouTube, pero hasta que no decidas sacar las agujas y el hilo, no aprenderás en realidad. Hasta que no tomes la decisión de dar los pasos necesarios para lograr tu meta, todo será siempre una meta.

Lo mismo sucede cuando eliges ser feliz. A veces, todo lo que necesitamos es tomar la decisión y pedirle a Dios su visión, fortaleza y perspectiva mientras la vivimos. Entonces, necesitamos vivir en la libertad de esta elección, dando los pasos diarios hacia la felicidad que nos proporciona Él.

En su búsqueda del significado y propósito de la vida, el rey Salomón escribió: «Así que llegué a la conclusión de que no hay nada mejor que alegrarse y disfrutar de la vida mientras podamos. Además, la gente debería comer, beber y aprovechar el fruto de su trabajo, porque son regalos de Dios» (Eclesiastés 3:12-13, NTV).

¿Te fijaste en lo que Salomón dice que son regalos de Dios para el hombre? La capacidad de *elegir* encontrar satisfacción en las circunstancias de la vida, de elegir ser feliz. Cuando elegimos la felicidad, estamos eligiendo encontrar satisfacción en lo que ya proveyó Dios.

Hoy, cuando afrontes la elección de ser feliz o no, elige la felicidad a propósito. Anota tu decisión aquí o en tu diario con la fecha y las circunstancias que rodean tu elección intencional.

INVIERTE EN TU FUTURO YO

En diez años, quiero recordar las decisiones que tomo hoy y no lamentarme. Quiero la libertad de no agobiar mi futuro yo con las elecciones de hoy. Quiero invertir en mi futura «Alli feliz» al cuidarme y amar bien a los que me rodean. Además, quiero un auto volador para evitar aeropuertos, pero eso podría ser un poco más adelante. Entonces, sabes lo que quiero decir, ¿verdad?

Piensa en los últimos diez años de tu vida. Al volver la vista atrás, ¿cuántos momentos en esos diez años desearías rehacer? Si eres como yo, es probable que haya una presentación de diapositivas con los recuerdos listos para que los veas con pesar.

Yo podría quejarme por ir a las camas de bronceado cuando estaba en el instituto. Cada vez que noto que la piel de mi cuello comienza a estar sospechosamente más flácida, quiero volver atrás en el tiempo y charlar con Alli, una joven de dieciséis años.

¿Qué tal si no tuviera que ser así? ¿Hay alguna manera de saber qué elecciones harán feliz a nuestro futuro yo? ¿Cómo podemos empezar a invertir en nuestro futuro yo?

La Palabra de Dios tiene una o dos cosas que decir sobre esto. Proverbios 2:6 dice: «El Señor da la sabiduría; conocimiento y ciencia brotan de sus labios». Si deseas empezar a hacer feliz a tu futuro yo, comienza por tomar decisiones basadas en la Palabra de Dios, no en las palabras de los hombres.

Cuando comenzamos a vivir de acuerdo a la Palabra de Dios, empezamos a vivir según el potencial para el que nos creó Él.

Queremos estar a la altura de todo el potencial que Dios colocó dentro de nosotras. Así que hoy, escribe tres cosas que puedes hacer esta semana a fin de que tu futuro yo sea feliz. Luego, no te detengas ahí, profundiza un poco más y explica por qué crees que esas cosas harán que tu futuro yo sea feliz.

DALE UN EMPUJÓN A TUS SUEÑOS

En el año 2006, soñé por primera vez con escribir un libro, pero no sabía por dónde empezar. Así que hice lo que casi todas hacemos en esa situación: lo busqué en Google. Descubrí (según Google) que a menos que fuera famosa, infame o tuviera buenos contactos, no sería posible. Más tarde, descubrí el mundo de los blogs, que me ayudó a dar un pequeño paso hacia la escritura de un libro. Cada publicación de blog que escribí se sentía como un pequeño paso hacia mi sueño, y cada pequeño paso me preparaba para entrar en la realidad de publicar mi primer libro. Lo he visto una y otra vez, ¡pero los sueños más grandes se logran paso a paso!

Nuestro Dios es un Dios de sueños, y creo que Dios siembra sueños en nosotras. Así como Él nos da ciertos talentos y dones para su gloria, también nos da sueños para ir tras una vida que lo glorifique.

Piensa en lo que dice el apóstol Pablo en Efesios 2:10: «Somos la obra maestra de Dios. Él nos creó de nuevo en Cristo Jesús, a fin de que hagamos las cosas buenas que preparó para nosotros tiempo atrás» (NTV). Dios creó nuestras nuevas vidas en Jesús para que llevemos a cabo las buenas obras que desea que hagamos. Cuando caminamos al ritmo de los sueños que nos da Él, lo hacemos conforme a la forma en que nos creó para que viviéramos. ¡Dios desea que pasemos la vida persiguiendo los sueños que Él preparó para nosotras!

Si tienes un sueño que no desaparece, y de alguna manera ese sueño hará del mundo un lugar mejor, empieza a hacer planes para lograrlo. Escribe con exactitud cuál es tu sueño, después anota tres pequeños pasos que puedes dar para alcanzarlo.

HOY NO, SATANÁS

Si eres como yo, puede que se sienta más fácil culpar al Enemigo cuando las cosas empiezan a ir mal en nuestro mundo en lugar de asumir la responsabilidad. Sin embargo, es probable que casi nunca las pequeñas cosas que salen mal en nuestro día a día sean por estar bajo un ataque espiritual. (¡Sigue leyendo!). Por ejemplo, cuando la batería de mi iPhone se agota o cuando mi perra se come un par de mis zapatos favoritos, puedo decir con seguridad (la mayoría de los días) que mi perra y mi teléfono no trabajaban para el diablo en esos momentos.

En cambio, si no estamos en guardia, el Enemigo puede usar esos pequeños momentos para robar nuestra felicidad y apartar nuestros ojos de Jesús. (¡Así que tal vez *sea* su culpa!).

Si bien no queremos centrarnos en nuestro Enemigo y culparlo por todo, no nos hace ningún favor olvidar que es real y que está activo en el mundo. Y, con frecuencia, trata de desviarnos con sus trucos y distracciones.

Todo el mundo tiene días difíciles. Cuando tengo un día difícil, trato de recordar que no siempre se trata de ataques espirituales del Enemigo. Sin embargo, cuando siento que usa mi día difícil para robarme el gozo, cruza una línea y le digo: «Hoy no, Satanás». Incluso, tengo una camiseta que lo dice en letras grandes y blancas.

Me encanta ponerme esa camiseta, y decir esa frase en voz alta y recordar que Dios no me dio un espíritu de cobardía, sino de poder, amor y mente sana. Es un simple recordatorio de que a pesar de lo que suceda hoy, no voy a rendirme ni a ceder ante el Enemigo que vino a robar, matar y destruir. En su lugar, recuerdo que Dios está con nosotras para darnos una vida plena. La Escritura nos dice: «No nos ha dado Dios espíritu de cobardía, sino de poder, de amor y de dominio propio» (2 Timoteo 1:7, LBLA). Aférrate a ese versículo hoy, de modo que puedas abordar la vida con valentía.

¿Hay algo que ya haces, o que podrías empezar a hacer, que sea un sencillo recordatorio para tener presente que no vas a permitir que el Enemigo te robe la felicidad?

____

____

____

SIEMBRA LAS BUENAS SEMILLAS

¡Me fascina ver las cosas crecer! El proceso de plantar una semilla y observar su lenta transformación siempre me causa asombro. Sin embargo, algo que nunca me sorprende es el resultado final. Según la clase de semilla que caiga en la tierra será la clase de planta que producirá al final.

Eso también es cierto con respecto a nuestras vidas. Mira lo que Pablo dice acerca de esto en 2 Corintios 9:6: «El que siembra escasamente, escasamente cosechará, y el que siembra en abundancia, en abundancia cosechará». ¡Cosechamos en la vida lo que estemos dispuestas a sembrar!

Donde somos generosas para sembrar las semillas que nos entregó Dios, ya sea en nuestras finanzas, nuestros talentos o nuestro tiempo, veremos que esas cosas crecerán a la larga y se reproducirán en la vida de otros.

Todas tenemos la opción de qué semillas sembrar en nuestra vida y en la vida de otros. Cuando elegimos sembrar semillas de paz y justicia, ¡al final recogeremos una cosecha de felicidad! Y cuando somos generosas para sembrar estas semillas en la vida de los demás, ¡nuestra felicidad aumenta a medida que vemos crecer el fruto de esas cosas en ellas!

Dedica un tiempo pidiéndole a Dios que te muestre qué semillas te entregó para plantar. Luego, comienza a pensar en todas las formas en que puedes sembrar esas semillas en tu vida y en la vida de los demás.

DECIDE SER FELIZ, AUNQUE SEAS ADULTA

Todas bromeamos mucho acerca de lo difícil que es ser adulta. Decimos cosas como: «No puedo ser adulta hoy», como si *adulta* fuera un verbo. En la *adultez* se incluirían cosas tan fabulosas como pagar facturas, sacar la basura, programar citas y asistir a las mismas, reemplazar los filtros de aire y usar el hilo dental. Sin embargo, incluso con una vida llena de cosas de adulta, ¡podemos tomar la decisión de sacarle a esta vida toda la felicidad que nos sea posible!

La decisión de ser feliz, aun cuando le cambian el aceite al auto, es una opción para regocijarte en los detalles simples, hasta triviales, de la vida. No se trata de ver el vaso medio lleno ni medio vacío, es estar contenta de que tengas un vaso. (¡Y sí, que incluso tengas la posibilidad de meter ese vaso en el lavaplatos!). He notado ese sentido de alegría en uno de mis hijos. ¡Es como si se deleitara de veras en todo! Ya sea para guardar su ropa limpia (y hace una tirolesa para hacerlo), o dándole de comer a la perra, ¡tiene un increíble entusiasmo por la vida!

Al elegir ser felices en nuestra vida adulta, podemos recuperar parte de esa misma maravilla y alegría de la infancia.

Pablo les recuerda a los filipenses: «Alégrense siempre en el Señor. Insisto: ¡Alégrense!» (Filipenses 4:4). Con todas las presiones que trae consigo la adultez, necesitamos acordarnos de que debemos alegrarnos en las cosas sencillas. A veces, ¡todo lo que se necesita es tomar la decisión de buscar razones para estar feliz!

Dedica un tiempo a escribir solo algunas formas en las que puedes comenzar a decidir ser feliz en las pequeñas cosas cotidianas de la vida. Es más, practica a decir: «Hoy me alegro con ____________» y, luego, ¡rellena el espacio en blanco! Me pregunto cuántas veces dirás que te alegras.

LA VERDADERA BÚSQUEDA DE LA FELICIDAD

Cada vez que escucho la historia de Adán y Eva, nunca deja de sorprenderme. No me sorprende en el sentido de que no sepa lo que sucede en la historia, sino que me sorprende el hecho de que tomaran la decisión de buscar una felicidad que sabían que los conduciría a la muerte. Recuerda, Dios les dijo: «Del árbol del conocimiento del bien y del mal no deberás comer. El día que de él comas, ciertamente morirás» (Génesis 2:17).

Déjame comentarte algo; si Dios me dijera que beber agua del grifo sin filtrar me llevaría a una muerte segura, ¡créeme que instalaría filtros en todos los grifos! Sin embargo, a pesar de la advertencia de Dios, de todos modos decidieron comer ese fruto.

Y aunque puedo bromear con el asunto del filtro de agua, la verdad es que casi todas nosotras tomamos la misma decisión que nuestros antepasados espirituales cada día de nuestras vidas. Si bien Dios nos ha mostrado las profundidades de su misericordia, bondad, belleza y vida, a menudo todavía pensamos que tal vez haya algo incluso mejor en otro lugar.

Nos quedamos atrapadas persiguiendo lo que creemos que nos hará felices, cuando el Creador del gozo nos ofrece la felicidad con tanta seguridad como si estuviera colgando de un árbol.

La verdadera felicidad nunca proviene de la búsqueda de la felicidad, sino de la hermosa provisión de Dios. Cuando nos proponemos buscarlo a Él y su reino, nos proporcionará profundidades de gozo que sostendrán nuestra felicidad en Él a través de todas las épocas de la vida.

¿De qué manera has buscado la felicidad en vez de buscar feliz a Dios? ¿Qué «fruto» tomaste que pensaste que te proporcionaría una felicidad duradera? Ten la seguridad que, sin importar tus decisiones pasadas, Jesús anhela que encuentres tu felicidad en Él.

DEJA DE NAVEGAR

A veces no tengo la suficiente salud emocional como para navegar por las redes sociales. Amo a todas mis amigas, y me siento feliz por las cosas buenas en sus vidas. No obstante, seamos realistas, si estoy hasta el cuello lavando platos y resolviendo desastres, lo último que quiero ver son sus mejores momentos.

Cuando la experiencia actual de nuestra vida no parece coincidir con el flujo interminable de cafés con leche, almuerzos y ceremonias de premiación en la vida de nuestras amigas, esto nos crea una sensación de descontento. En definitiva, terminamos celosas. En lugar de poder celebrar las buenas experiencias de otra persona, acabamos comparándonos y, en última instancia, robándonos el gozo de nuestras propias vidas.

Cuando eso sucede, el enemigo se cuela en nuestros pensamientos y comienza a decirnos la mentira de que nuestras vidas son desdichadas en comparación con las vidas que vemos en las redes sociales.

Nuestra tendencia a la comparación puede impedir que expresemos nuestra gratitud a Dios por las cosas buenas que hemos podido experimentar. Por eso es que el libro de Proverbios nos instruye: «Aleja de mí la falsedad y la mentira; no me des pobreza ni riquezas, sino solo el pan de cada día. Porque teniendo mucho, podría desconocerte y decir: "¿Y quién es el SEÑOR?". Y teniendo poco, podría llegar a robar y deshonrar así el nombre de mi Dios» (30:8-9).

Está bien que te digas: *Hoy voy a invertir en mi felicidad y dejar de navegar por las redes sociales.* Cuando lo hacemos, decidimos invertir en nuestra propia felicidad ahora, en lugar de permitir que nos la robe la comparación.

¿Alguna vez has considerado un ayuno de las redes sociales? ¿Qué tal si te das la libertad hoy para abstenerte de las redes sociales durante siete días completos? En esos siete días, dedica el tiempo que a menudo pasarías navegando por las redes sociales para que de forma deliberada realices las cosas que te dan más felicidad.

SOLO SALTA

Katie es una sobreviviente por veinte años de cáncer de mama y celebra la vida como nadie que conozca. En el vigésimo aniversario de que la declararan libre de cáncer, quería hacer algo grande. Así que decidió saltar de un avión.

Creo que yo me inclinaría más por una pizza tamaño familiar o por veinte cucharadas de helados diferentes marca *Jeni*. O tal vez vería veinte películas clásicas seguidas. Puedo pensar en muchas maneras de celebrar un hito tan grande; saltar desde un avión no sería una de ellas. Me asustaría mucho.

Lo que aprendí viendo a Katie en vivo y celebrando la vida es que, a veces, para avanzar, tenemos que pararnos en el borde y saltar.

Si eres como yo, a veces cuando nos paramos al borde de nuestro próximo paso y afrontamos nuestro futuro incierto, el miedo trata de detenernos.

No obstante, ¿sabes lo que digo a eso? Digo que el temor es un mentiroso, porque el temor no es de Dios. El Enemigo de nuestras almas ataca con más fuerza cuando Dios nos dice que nos paremos al borde de nuestro llamado y que demos un gran salto de fe hacia Él. Dios mismo nos dice en el libro de Josué: «¿No te lo he ordenado yo? ¡Sé fuerte y valiente! No temas ni te acobardes, porque el Señor tu Dios estará contigo dondequiera que vayas» (1:9, LBLA).

Debido a que Dios ya venció al Enemigo de este mundo, ya no tengo que luchar contra el temor. Mi fe me permitirá avanzar, incluso cuando el temor me dice que me detenga.

Hoy, dedica un tiempo para recordar la fidelidad de Dios y deja redirigir ese temor que trata de mantenerte estancada. Si te ayuda, anota las veces en que sentiste miedo, ¡pero que saltaste de todos modos! Úsalas como inspiración para seguir avanzando.

____

____

____

____

____

REFLEXIÓN

10

EL PODER DE LAS PALABRAS FELICES

Permite que tus palabras den vida.

¿LE HABLARÍAS ASÍ A TU MAMÁ?

¿Alguna vez has pensado en cómo Dios creó el mundo? Es decir, ¿cómo lo hizo *en realidad*? Génesis nos dice que Dios habló y la vida apareció. El Dios Creador formó palabras en su boca y, literalmente, se dividieron los mares, se formó el mundo y surgió la vida del polvo de la tierra.

Como mamá, si tuviera un superpoder, sería este. Hablaría y de repente se lavaría toda la ropa, se despejaría mi horario y mis hijos obedecerían cada palabra que dijera. La vida sería el Edén.

Y aunque no seamos supermujeres (eso es discutible), como en el caso de Dios, nuestras palabras tienen el poder de crear vida.

En Efesios 4:29, Pablo nos anima diciendo: «Eviten toda conversación obscena. Por el contrario, que sus palabras contribuyan a la necesaria edificación y sean de bendición para quienes escuchan».

Su exhortación no solo incluye la forma en que hablamos con otros (y sobre otros), sino también cómo hablamos con nosotras mismas. Incluye nuestro diálogo interno, el cual, para ser sinceras, con frecuencia no es muy inspirador.

¿Qué pasaría si empezaras a hablarte de la misma forma amable que usas para hablarles a los demás? ¿De la misma forma amable en que hablas con tu mamá? ¿De la misma forma amable en que te hablaría Jesús si estuviera sentado a tu lado? Efesios nos dice que hablemos solo lo que edifica. Eso incluye las palabras que empleas contigo misma.

Hoy, declara palabras de vida sobre ti misma. Empieza por pararte frente al espejo y decir cinco cosas afirmativas e inspiradoras sobre ti misma. Luego, a medida que el día te brinde la oportunidad, también exprésales palabras de aliento a otros. Escribe cómo te sentiste afirmándote y cómo te sentiste alentando a otros.

MUÉRDETE LA LENGUA

Puedo ser *un poco* quisquillosa con las cosas menos pensadas. Me doy cuenta de los detalles, y me cuesta bastante trabajo no señalarlos todo el tiempo, ¡en especial con mis hijos! Como cuando les pido que limpien su cuarto, espero que quede de cierta manera. (Seamos realistas... ¡mis expectativas son altas!). Y hasta cuando queda bastante bien, todavía hay algo en mí que quiere mostrarles la forma *adecuada* de hacerlo.

Cuando llegan esos momentos en que exijo tanto, casi siempre me viene a la mente este versículo de Proverbios 14:1: «La mujer sabia edifica su hogar, pero la necia con sus propias manos lo destruye» (NTV). Aunque creamos que ayudamos cuando señalamos los defectos de nuestra familia, a menudo hacemos críticas innecesarias. En vez de edificar a nuestra familia con palabras de afirmación, arruinamos la felicidad de nuestro hogar, ladrillo a ladrillo, con cada crítica innecesaria.

He aprendido que si no es *absolutamente necesario* para su supervivencia, es mejor dejar que el pensamiento crítico no salga de mi mente. Aunque parezca que tenemos la imperiosa necesidad de contarle a nuestra familia cada uno de nuestros pensamientos, ¿no usamos mejor nuestras palabras cuando hablamos vida sobre nuestra familia? Utilicemos nuestras palabras para edificar y cuidar la familia que nos entregó Dios.

Sin embargo, no solo basta con mordernos la lengua. También tenemos que practicar el hablar palabras positivas sobre nuestra familia y otras personas. Cuanto más cosas positivas hablemos con otros, más nuestros cerebros segregan serotonina, la hormona de la felicidad. Cuanto más serotonina produzcan nuestros cerebros, más felices nos sentimos, más queremos hablar cosas positivas con los que nos rodean, y así una y otra vez[1].

Por supuesto, no podemos andar por el mundo fingiendo que todo lo que nos rodea es perfecto. Es un hecho de la vida que a veces tenemos que señalar lo que no está bien a fin de que pueda mejorar. Solo queremos asegurarnos de que nuestro ojo crítico no se convierta en un espíritu crítico y, a su vez, en una boca crítica.

Pídele a Dios que te muestre si hay maneras en que, sin darte cuenta, usas tus palabras para arruinar la felicidad de tu propio hogar. ¿Cómo puedes cambiar ese hábito a fin de brindarles a tus familiares un ambiente hogareño más feliz?

____

____

____

EDIFÍQUENSE ENTRE SÍ

¿Cuando fue la última vez que pasaste por una temporada difícil en la vida, la vez en que parecía que las oleadas de dificultades te llegaban una tras otra? ¿Qué te ayudó durante ese tiempo? Cuando parecía que los problemas de la vida eran implacables, ¿fue de ayuda saber que tenías a alguien que te apoyaba y animaba a cada paso del camino?

En Efesios 4, Pablo nos dice que cuando nos animamos unos a otros y «[hablamos] la verdad en amor» (v. 15, LBLA), somos como un cuerpo que «se edifica en amor [...] según la actividad propia de cada miembro» (vv. 15-16).

Nos diseñaron para edificarnos y restaurarnos en amor. Nuestras palabras no solo tienen el potencial para devolverles la felicidad a otros, sino que al animarles también sentimos gozo como si fuéramos nosotras las que recibiéramos ese ánimo.

Las palabras de afirmación y ánimo son recursos que tienen el poder de deshacer el daño que la vida nos causa a nosotras y a los demás. Incluso, la palabra de aliento más sencilla puede ser lo que nos ayude a superar algunas de las temporadas más difíciles de la vida. Al hablar la verdad en amor, nos restauramos mutuamente la felicidad que Dios desea para nosotras.

Ora y pídele al Señor que te muestre a alguien a quien puedes animar esta semana. No lo pienses mucho ni dejes que se convierta en un discurso exagerado y difícil. El ánimo se puede dar de las maneras más sencillas. Tal vez sea pagándole el café a la persona que viene en el auto detrás de ti en la línea de servicio, o enviando a propósito un mensaje de texto a una amiga para que sepa que estás pensando en ella.

CÓMO NOS EDIFICA DIOS

Finalizaba la tarde del viernes, y me faltaba bastante para terminar todo lo que tenía que hacer. Fue una de esas semanas con varias fechas límites, y después de todos mis intentos por tratar de establecer prioridades, organizar y planificar, las horas no me alcanzaban. Desplomada, me senté a la mesa de mi cocina, sin poder creer que dejara que me sucediera eso. Pasé la mayor parte del día castigándome y alimentándome con las mismas agotadoras palabras: «Tal vez no sea lo bastante buena para hacer esto. Tal vez nunca sea lo bastante buena».

En los cinco días desde el lunes, pasé de estar confiada por completo en lo que Dios hacía por medio de mí a sentirme derrotada por completo debido a las mentiras del Enemigo.

Las mentiras del Enemigo siempre procurarán derribarnos, pero la verdad de la gracia de Dios siempre querrá edificarnos. Nadie se sentirá motivado jamás a hacer mejor las cosas por la crítica o la vergüenza; ese no es el corazón de Dios. Sin embargo, eso es lo que a menudo nos hacemos nosotras mismas, ¿cierto?

Decimos: «Nunca seré suficiente». En cambio, Jesús dice: «Yo soy más que suficiente». Decimos: «Puedo llevar esto». En cambio, Jesús dice:

«Déjame llevarlo por ti». Jesús nos mira en nuestros fracasos y errores, y no lanza la primera piedra, sino que nos da gracia sobre gracia.

Cuando te sientes tentada a castigarte por tus errores, decide tratarte de la forma en que te trata Jesús: con amor y gracia. El libro de Efesios nos anima con estas palabras: «A cada uno de nosotros se nos ha dado gracia en la medida en que Cristo ha repartido los dones» (4:7).

Practica la autocompasión, no la autocrítica. La felicidad viene cuando ofrecemos gracia (a nosotras), tal como lo hace Jesús.

Piensa en una situación en la que podrías haber elegido la autocompasión piadosa en vez de la autocrítica impía. ¿Qué pasos puedes dar para ser más compasiva contigo misma en el futuro?

____

____

____

____

HABLA DE TI MISMA DE UNA FORMA DIGNA DE TI

Como consultora de negocios, escucho a la gente hablar sobre sí misma todo el tiempo, y casi nunca se trata de cosas buenas. Las personas vienen a contarme todo lo que va mal en su negocio, lo que a menudo se traduce en lo que les va mal a ellas.

Es como si hubiera un nivel mítico de éxito que, hasta que lo alcancen («sea lo que sea» para ellas), no pueden estar satisfechas con el trabajo que ya realizaron. Debido a sus propias palabras y actitudes, se convierten en sus peores enemigas para el éxito.

¿Te parece conocido? ¡No tienes que ser dueña de un negocio para sentir esto! Incluso en la vida diaria más sencilla, podemos convertirnos en nuestras peores enemigas debido a lo que decidimos decir sobre nosotras mismas. ¡No hace falta mencionar que esto causa estragos en nuestra felicidad!

Jesús dijo que de lo que abunda en el corazón habla la boca (Lucas 6:45), y cuando hablamos sobre nosotras con otras personas, revelamos lo que en realidad creemos sobre nosotras mismas. Si de veras creemos que somos hechura de nuestro Padre y que nos ama, nuestras palabras reflejarán esa verdad, tanto para nosotras como para los demás.

El Señor ha hecho una gran obra en ti. No permitas que tu propia boca sea un medio que el Enemigo pueda usar en tu contra para robarte la felicidad y la confianza. Eres una creación admirable... ¡hecha a la imagen de Dios!

Párate frente al espejo y di cada cosa agradable que puedas decir de ti misma. ¡Hazlo de manera divertida! ¡Dios te quiere aún más que tú! No puedes amar más que Dios.

El poder de nuestras palabras

Dios ha usado de manera constante las palabras de ánimo y afirmación de otros para declarar paz sobre las tormentas que se han desatado durante los momentos más difíciles de mi vida. Más que un cambio en mis circunstancias, las palabras inspiradoras de otras personas han servido como un fundamento que el Señor ha usado para ayudarme a permanecer firme en Él.

A pesar de que nuestras palabras tienen el poder de crear vida, también poseen la habilidad de destruir todo lo que se encuentran a su paso. Al igual que un fuego sin control, las palabras pueden causar daños que nunca quisimos y dejar cicatrices que tarden años en sanar. Crecimos escuchando que «los palos y las piedras nos pueden romper los huesos, pero las palabras nunca nos podrán dañar», pero la mayoría de nosotras (si no todas), tenemos recuerdos que comprueban la falsedad de ese cliché.

Nuestras palabras son poderosas. La Escritura afirma: «Fuente de vida es la boca del justo» (Proverbios 10:11).

Si deseamos experimentar la felicidad que Dios diseñó para nosotras y para otros, a menudo esto comienza con las palabras que elegimos decir.

Nuestras palabras deben edificar a quienes nos rodean y pueden servir para curar el daño que causaron otros. Nunca se sabe cómo Dios podría usar tus palabras de aliento para traer sanidad a la destrucción provocada por las palabras de otros. Cuando decimos palabras de afirmación y ánimo que dan vida, nos edificamos unas a otras en amor, palabra por palabra.

Escribe solo una cosa que puedas decirle a alguien que le edificará. Luego, ¡dísela! Podría ser de la sanidad que están esperando.

HABLA LA VERDAD

Mi mamá solía decir: «Eres lo que comes». Estoy segura de que eso no es cierto, pues si lo fuera, estaría envuelta en papel de caramelo, cubierta de chocolate y rellena con mantequilla de cacahuete. (Dios sabe que me encantan los dulces *Reese* con mantequilla de cacahuete).

Cuando surgieron las computadoras, había una expresión parecida que usaban para describir los problemas que se presentaban en el *software*. La expresión era «si entra basura, sale basura». (¡Ya la mencioné antes!).

En esencia, ambas expresiones significan lo mismo. Si alimentamos el cerebro de la computadora con basura, te va a devolver basura de inmediato. Si me alimento de comida chatarra, sufriré los resultados de una dieta chatarra.

Lo mismo es cierto con respecto a nuestros corazones, mentes y espíritus. Si nos alimentamos con una dieta regular de negatividad, culpa, vergüenza y mentiras... eso es lo que obtendremos a cambio. «De la abundancia del corazón habla la boca» (Mateo 12:34).

Si entra basura, sale basura. Si entra bondad, sale bondad.

Tenemos que llenar nuestras mentes de las cosas adecuadas; cosas que sean positivas, que nos den vida, que nos enseñen a perdonar, que nos muestren cómo amar y ofrecer gracia a otros. Necesitamos una dieta constante de la Palabra de Dios, de modo que cuando les lancen a nuestra mente cualquier palabra, pensamiento o acción negativa, podamos extinguirlos con la verdad.

Hoy, escribe cualquier cosa negativa que hayas creído sobre ti misma. Luego, táchala y sustitúyela con una verdad de la Palabra de Dios.

REFLEXIÓN

11

UN CORAZÓN FELIZ ES UNA BUENA MEDICINA

Tu corazón anhela un poco de felicidad.

PROTÉGETE DE LA MALDICIÓN DE LA COMPARACIÓN

Los Juegos Olímpicos son las competencias deportivas más importantes del mundo. Las personas se entrenan desde la infancia para tener la oportunidad de competir. La ceremonia al final de cada competencia, con los medallistas de pie en el podio para recibir sus medallas de oro, plata y bronce, es el pináculo del logro deportivo.

Los científicos decidieron estudiar el nivel de felicidad de los tres atletas que llegan a ese podio y descubrieron que los medallistas más felices eran los que se llevaban el oro a casa (por supuesto) y el bronce. En realidad, el medallista de bronce era siempre más feliz que el de plata, a pesar de que el medallista de plata hizo un mejor trabajo que el medallista de bronce[1].

Los medallistas de plata se compararon con los medallistas de oro y se sintieron decepcionados. Sin embargo, los medallistas de bronce se compararon con los atletas que no obtuvieron ninguna medalla y se sintieron agradecidos de estar en ese podio.

¿En qué momentos de tu vida te has sentido como el medallista de plata? ¿Fue cuando otra persona consiguió la promoción? ¿Fue cuando tu amiga consiguió la casa que siempre has querido? ¿Fue cuando viste la vida de tus amigas en las redes sociales? La verdad es que estamos en nuestro peor momento cuando permitimos que la comparación se lleve lo mejor de nosotras.

Ahora, piensa en las épocas que has sido más feliz. ¿Estaban centradas en los logros o posesiones? Lo más probable es que no. Al menos, no por mucho tiempo. Somos más felices cuando nos sentimos profundamente agradecidas por lo que nos ha dado Dios. El libro de Proverbios declara: «La bendición del SEÑOR trae riquezas, y nada se gana con preocuparse» (10:22).

Nos crearon para encontrar nuestra felicidad en Dios, sin importar las circunstancias de la vida. Escribe acerca de una época en la que permitiste que la comparación se robara el contentamiento. Dibuja una medalla de bronce como un recordatorio de que debes contentarte, y luego pídele a Jesús que te dé la alegría sencilla de un corazón satisfecho.

____

____

LA MARAVILLA DE LA ADORACIÓN

Me fascina cantar canciones de adoración. Me gusta mucho mucho. Si Dios me hubiera dado a elegir mis talentos y habilidades naturales, habría sido una gran líder de adoración. En cambio, ¡tal parece que el Señor tenía otros planes para mí! Sin embargo, mi falta de habilidad musical natural no me impide cantar, y también por una buena razón. ¿Sabías que la Biblia nos ordena (más de cincuenta veces para ser exacta) que adoremos a Dios mediante el canto?

Nos crearon para ser adoradoras. Dios nos hizo para ver su bondad, experimentar su presencia y ser un eco de su majestad. El libro de los Salmos nos exhorta: «Canten alabanzas a Dios, canten alabanzas; ¡canten alabanzas a nuestro Rey, canten alabanzas!» (47:6, NTV). Cuando le cantamos a Él en adoración, recordamos quién es Dios y lo que ha hecho por nosotras.

Dios nos ha dado un don de beneficio mutuo en la adoración. A Él le encanta que le adoren, y nos creó para encontrar gozo en la adoración, pues allí es donde a menudo sentimos su cercanía. En su cercanía, vemos y sentimos su amor, gracia, misericordia, majestad y belleza.

Cantar canciones de adoración me ha ayudado a saborear los días buenos, y ha sido una fuente de consuelo y paz en mis días más difíciles. Cuando adoramos como un acto intencional de alabanza, ¡podemos tener paz en medio de la tormenta porque somos capaces de ver al que reina sobre la tormenta!

El paso de acción de hoy es sencillo: ¡canta de corazón y disfruta de la felicidad que trae consigo! Baja las ventanas y pon más fuerte la radio, o elije una lista de reproducción en tu teléfono y canta a pleno pulmón tus canciones favoritas.

DA PARA SER FELIZ

La ciencia confirma que dar nos hace personas más felices. Los investigadores utilizaron la tecnología de resonancia magnética para demostrar que cuando ayudamos y damos a otros, involucramos las mismas partes de nuestro cerebro que cuando ingerimos alimentos o tenemos relaciones sexuales[1]. Eso es algo poderoso en sí mismo.

Me causa gracia que los científicos necesiten trabajar durante años solo para demostrar la verdad que Jesús enseñó hace dos mil años.

Piénsalo por un momento: tu felicidad tiene menos que ver con cuánto tienes y más con cuánto das. ¡Nuestros cerebros están conectados para experimentar la misma satisfacción cuando comemos una comida deliciosa que cuando somos generosas!

Me encanta el ejemplo que nos da el apóstol Pablo de lo que significa vivir una vida generosa. En el libro de Hechos, Pablo se preparaba para dejar la nueva iglesia que plantó en Éfeso, y les dio esta última exhortación: «Con mi ejemplo les he mostrado que es preciso trabajar duro para ayudar a los necesitados, recordando las palabras del Señor Jesús: "Hay más dicha en dar que en recibir"» (Hechos 20:35).

Pablo pasó la mayor parte de su vida dando el máximo de sí mismo. Era consciente de la sencilla verdad de las palabras de Jesús y sabía que su vida la emplearía mejor practicando la generosidad que se le dio en Jesús.

Cuando vivimos con generosidad, lo hacemos de acuerdo a cómo nos creó Dios. Escribe tres formas en que puedes empezar a vivir de manera más generosa. Si quieres un desafío mayor, anota los nombres de tres personas, organizaciones benéficas o ministerios de la iglesia en los que puedas empezar a contribuir.

RECOGE PIEDRAS PARA RECORDAR

Me encanta conservar cosas que me recuerden momentos importantes de mi vida. Ya sea una foto, una baratija o una carta, guardo esos pequeños objetos para recordar cómo era la vida en ese momento. De vez en cuando paso junto a una de estas cosas, y me lleno de gratitud hacia Dios por permitirme tener recuerdos tan valiosos. Recuerdos de cuando me vio en una época difícil de mi vida, o de cuando celebré una victoria, o de cuando me recordó con fidelidad su presencia.

Los israelitas hicieron esto también. Cuando Josué guio al pueblo de Dios hacia Canaán, tuvieron que pasar el río Jordán, el cual se inundaba en esa época del año. No había manera de rodearlo; no obstante, Dios tenía un plan. Así como Él abrió el mar Rojo, de la misma forma detuvo las aguas del Jordán y los israelitas pasaron por el río en tierra seca.

Una vez que estuvieron al otro lado, Dios les indicó que eligieran a un hombre de cada una de las doce tribus. Luego, les dijo: «Vayan al centro del cauce del río, hasta donde está el arca del Señor su Dios, y cada uno cargue al hombro una piedra. Serán doce piedras, una por cada tribu de Israel, y servirán como señal entre ustedes» (Josué 4:5-6). A los israelitas se les ordenó apilar estas piedras como un recordatorio de la bondad de Dios hacia ellos.

Así como Dios le dijo al pueblo hebreo que apilaran piedras como un recuerdo permanente de su provisión, necesitamos apilar nuestras propias piedras por todas las maneras en que Dios ha sido bueno con nosotras.

¡Recordar su bondad es una inversión en nuestra propia felicidad!

No tienes que apilar literalmente piedras para recordar la bondad de Dios, ¡pero puedes hacerlo si quieres! Estoy rodeada de recordatorios de momentos felices. Tengo una amiga que escribe sus recuerdos y los guarda en un frasco. ¿Cuáles son algunas maneras en que puedes ser intencional en cuanto a recordar la bondad de Dios?

____

____

____

____

¿QUÉ DEBES HACER DE FORMA GRATUITA?

Hubo una época en mi vida en la que parecía que cada hora del día la dedicaba a cuidar de la casa y a mantener a los niños alimentados, fuera de problemas y razonablemente bien educados. Sabía que tanto los pasatiempos como las pasiones traían felicidad a la vida, pero lo cierto es que no tenía tiempo para dedicarlo a mis pasatiempos, ni tampoco tenía la energía para pensar siquiera en desarrollar mis pasiones.

¿Dónde empiezas cuando actúas como si tu vida fuera un vaso vacío? En mi caso, comencé a preguntarme: «Si el dinero y el tiempo no fueran una limitación, ¿qué haría con mi vida?». Después que mis sueños de acostarme en una playa se desvanecieron para siempre, pensé en cómo sería poder contribuir a la vida de miles de mujeres, animándolas a ser justo lo que Dios las llamó a ser.

Poco a poco, con el tiempo, mi vaso vacío y sin pasión comenzó a llenarse con los sueños que Dios comenzó a darme. Y de manera milagrosa, Él me dio la energía para empezar a perseguir esos sueños paso a paso. Sabía que incluso si nunca veía ni un centavo por ir tras mi pasión, todavía era un sueño que valía la pena perseguir. El Salmo 37 afirma: «Deléitate en el Señor, y él te concederá los deseos de tu corazón» (v. 4).

En una época en la que me sentía estancada, la pregunta: «¿Qué harías de forma gratuita?» me ayudó a aclarar lo que me apasionaba de veras. Y cuando podemos identificar con claridad nuestros sueños, logramos empezar a dar los siguientes pasos para comenzar a ver que esos sueños pasan a ser realidad.

¿Qué harías de forma gratuita? ¿Qué es algo que te apasiona tanto que hasta lo emprenderías si nadie te pagara por hacerlo? Ahora, pasa un tiempo en oración y pídele a Dios que te muestre algunos pasos a seguir para lograr ese sueño.

____

____

____

____

____

____

EL PODER DE LA MÚSICA

Después que mis hijos se van para la escuela, pongo música de adoración a todo volumen y empiezo a cantar tan alto que nuestra perra Mollie se esconde detrás del sofá. (¡Huy!).

A pesar de sus críticas, sigue siendo uno de mis momentos favoritos del día, pues logro expresar con entera libertad, y a voz en cuello, mi amor por Jesús.

Dios nos hizo para que lo adoráramos de manera dinámica y expresiva. Él sabe que cuando lo alabamos sin avergonzarnos ni limitarnos, actuamos de acuerdo a cómo nos diseñó y experimentamos el gozo que solo proviene de adorarlo con alegría. David conocía esta verdad íntimamente y fue un ejemplo para el resto de Israel respecto a lo que significa una vida de adoración profunda y próspera, tanto en los momentos buenos como en los malos. Uno de los salmos de David nos anima: «Adoren al Señor con regocijo. Preséntense ante él con cánticos de júbilo» (100:2).

Incluso, el mundo secular ha comenzado a darse cuenta de lo que sabemos nosotras y David, que solo escuchar música positiva puede ayudar a mejorar nuestro estado de ánimo. Si eso es cierto, ¡piensa en la felicidad que nos espera cuando participamos y cantamos juntos la música que nos recuerda nuestra identidad y propósito!

¿Cuáles son las cinco canciones que te hacen más feliz? Haz una lista de reproducción y comienza a agregarlas a tu día, ¡todos los días!

LA GENEROSIDAD ES EL REGALO QUE NUNCA SE AGOTA

En el año 2013, investigadores de la Universidad de Wisconsin descubrieron esta profunda verdad: ayudar a otros nos hace felices. (*¡Mira eso!*). Obtuvieron ese resultado a partir de un estudio que llevaron a cabo durante sesenta años en el que siguieron la pista de la vida de diez mil graduados del instituto en Wisconsin. El estudio demostró que quienes dijeron cuando tenían treinta años que ayudar a otros era importante terminaron siendo más felices treinta años después[1].

Por muy obvio que sea este descubrimiento, solo prueba lo que Dios nos dijo en su Palabra. Hace casi tres mil años, el rey Salomón dijo lo que ahora repiten los científicos: «El que es generoso prospera; el que reanima será reanimado» (Proverbios 11:25). Cuando somos generosas con los que nos rodean, invertimos tanto en su felicidad como en la nuestra.

Después de todo, nos crearon a imagen de Dios, quien se deleita en actuar con generosidad. Dios nos ha dado con generosidad todo lo que tenemos y se complace en prodigarnos lo que nos ayudará a crecer en Él. Nuestra felicidad al ayudar a otros refleja la felicidad de Dios al ayudarnos.

¿Cuándo fue la última vez que recuerdas haber sido generosa a propósito con alguien? ¿Es una forma de vida para ti, o algo que tienes que pensar para hacer? ¿De qué manera te gustaría cambiar esto sobre ti misma?

REFLEXIÓN

12

EDIFICA UNA VIDA FELIZ

La intencionalidad en los detalles aporta tranquilidad.

AH, QUÉ LEJOS HAS LLEGADO

Belinda, una amiga mía que es madre y ama de casa, abandonó la universidad poco después de casarse. Aunque siempre quiso volver, los niños empezaron a llegar y, bueno, la vida pasó y nunca regresó.

Cada vez que lo pensaba, hacía un plan y decía: «Si empezara ahora, terminaré en tal cual año». Luego, en efecto, ese año llegaba y pasaba, y ni siquiera empezaba el proceso. Cuando pensaba en el compromiso de cuatro años que esto implicaba, la meta parecía tan lejos que nunca comenzó.

Un día, mientras conversábamos, le pregunté por qué seguía posponiéndolo. Me dijo que la idea de algo que le llevaría cuatro años terminarla era demasiado abrumadora. Le sugerí que empezara tomando una clase. Así que empezó tomando esa clase. Más adelante, al siguiente semestre, tomó tres clases, y después pasó a ser estudiante a tiempo completo. Al cabo de tres años, se graduó y ahora es maestra de primer grado, ¡un trabajo que le encanta y que también coincide con el horario de sus hijos!

Cuando tenemos una meta grande, es fácil enfocarnos en lo lejos que tenemos que llegar en vez de hacerlo en un paso a la vez. La Palabra de Dios apoya esta idea en Zacarías: «¿Pues quién ha menospreciado el día de las pequeñeces? Estos siete se alegrarán cuando vean la plomada en la mano de Zorobabel; estos son los ojos del SEÑOR que recorren toda la tierra» (4:10, LBLA).

Es decir, cuando mi meta es bajar dos kilos a fin de que me queden bien mis pantalones vaqueros, ¡parece que tomará años! Sin embargo, en lugar de concentrarme en el trabajo que me queda por delante o en el tiempo que tomará, decido centrarme en lo lejos que he llegado. Te aseguro que cuando me centro en el kilo que bajé en vez de hacerlo en el que todavía me falta por perder, me motivo a seguir adelante.

Piensa en la creación. El Señor podía haber ordenado que todo surgiera a la misma vez, pero se tomó seis días. ¡Se tomó el tiempo para celebrar el proceso a cada paso del camino! ¡De esa misma manera deberíamos hacerlo nosotras!

¿Qué meta has estado posponiendo porque te resulta demasiado abrumador el solo hecho de empezar? Escribe tu meta, divídela en pasos pequeños que puedes llevar a cabo con más facilidad, y luego... ¡empieza!

____

____

UNA VICTORIA RÁPIDA

Cuando trabajo con los dueños de negocios y las personas que comienzan su primer negocio, busco formas de ayudarlos a obtener una ganancia rápida desde el principio. Comenzar algo nuevo o aprender nuevas habilidades puede ser una tarea muy difícil. Descubrí que una victoria rápida proporciona una motivación inmediata para abrirse camino, incluso cuando el proyecto parece ser un gran desafío.

También he aprendido que la estrategia de una victoria rápida ayuda en muchos aspectos de la vida. Esto es muy cierto cuando nos sentimos abrumadas por grandes tareas y responsabilidades. Si estás sintiendo el peso de tener «demasiadas cosas que hacer», busca las pequeñas tareas que son parte de tus grandes proyectos y ve en busca de una victoria rápida.

¿Alguna vez has notado que el solo hecho de tachar algo de nuestra lista de cosas por hacer nos hace sentir más realizadas y felices? Sin embargo, cuando nos sentamos preocupadas por todo lo que hay que hacer (sin lograr nada) nuestra felicidad empieza a caer en picado.

Piensa en lo que escribe Salomón en Proverbios 12:11: «El que labra su tierra tendrá abundante comida, pero el que sueña despierto es un imprudente». Salomón lo entiende y nos dice que para disfrutar de los beneficios de la cosecha, debemos comenzar con la tierra. Tenemos que movernos y lograr algo, ¡incluso cuando la tarea es grande!

No basta con desear comida. En algún momento tenemos que tomar el arado y trabajar en la tarea que tenemos delante. Cuando afrontes una tarea nueva o desafiante, encuentra una forma de tener una victoria rápida y piensa en los primeros pasos pequeños que puedes dar.

Escribe los pasos para un proyecto que te resulte abrumador en este momento. Luego, elige tu victoria rápida. ¡Tachar un par de pequeñas tareas de tu lista te hará sentir muy bien!

____

____

____

____

____

____

LAS REDES SOCIALES CON PROPÓSITO

Conoces la historia. Estás al final de tu rutina de irte a dormir, acostada en la cama, y ahí estás, teléfono en mano, desplazándote sin parar para ponerte al día con los eventos del día en tus nuevas noticias. Después de un tiempo, tal vez algunos de estos pensamientos te crucen por la mente:

¿Cuánto tiempo he estado mirando esto?

Me pregunto qué hará Ángela la de tercer grado.

Ah, un artículo con «¡treinta y siete fotos encantadoras de cabras bebés!».

Creo que me desplazaré a través de este último artículo.

Seis artículos más tarde, te das cuenta de que es medianoche, pones deprisa tu alarma y, por fin, te duermes.

Vivimos en una época en que estamos más conectadas que nunca. Por primera vez en la historia, podemos saber qué están haciendo nuestras amigas sin siquiera tener que preguntarles. Entonces, si estamos más conectadas que nunca, ¿por qué nos sentimos más desconectadas que nunca?

Estudio tras estudio de los últimos años revela que mientras más tiempo pasamos en las redes sociales, menos felices somos1. ¡De seguro que lo he visto en mi vida! Sin embargo, a pesar de que me he sentido descontenta y desanimada al desplazarme por la pantalla sin parar, creo que podemos usar las redes sociales y proteger nuestra felicidad *si lo hacemos con un propósito*. En mi caso, limito mi tiempo de uso de las redes sociales cada día a treinta minutos. En lugar de desplazarme de forma pasiva a través de las noticias, descubro que cuando uso las redes sociales con el propósito de conectarme con otras personas (enviando mensajes directos de aliento o comentando de manera genuina y sincera sobre el estado de alguien), eso puede ser una gran fuente de ánimo, tanto para mí como para mis amigas.

Dios nos ha dado un medio increíble para conectarnos con otras personas y animarlas. Las redes sociales, como cualquier otra cosa en este mundo, tienen el poder de ser increíblemente buenas, si somos conscientes de cómo permitimos que sea parte de nuestra vida. El libro de Colosenses pone esto en contexto cuando dice: «Todo lo que hagan, de palabra o de obra, háganlo en el nombre del Señor Jesús, dando gracias a Dios el Padre por medio de él» (3:17).

Dios nos ha dado un medio increíble para conectarnos con los demás. Escribe tres formas en que puedes usar tus cuentas de redes sociales para animar a otros.

____

____

DELEGA LAS TAREAS PESADAS

Hace poco leí un artículo que dice que los investigadores descubrieron que una forma en que las personas pueden aumentar su felicidad en su vida diaria es contratando a personas para que les realicen las tareas que no les gusta hacer.

En esencia, si tenemos el presupuesto adicional a fin de pagarle a alguien para que arranque las malas hierbas, corte el césped o limpie la casa, nos sentiremos menos estresadas por esas tareas y, a su vez, nos sentiremos más felices. A pesar de que puede costar un poco más de nuestros bolsillos, el efecto en nuestra felicidad bien puede valer la pena el gasto de delegar esas tareas[1].

Eso nos parece bien, ¿verdad? Bueno, no sé tú, pero no siempre puedo contratar a alguien para que haga la limpieza y el trabajo de jardinería. Sin embargo, mi esposo y yo tenemos cinco hijos, ¡por lo que hemos delegado todo el trabajo pesado a nuestros hijos! ¡Feliz!

Mientras leía el artículo, no pude evitar pensar en Moisés. Esta era una persona que pensaba que tenía que hacerlo todo. Entonces, cuando Moisés sacó a los israelitas de Egipto, se sentaba con la gente el día entero tratando de resolver los problemas de todos. Así que cuando su suegro Jetro vio esto, se le acercó a Moisés y le dijo: «No está bien lo que haces. Con seguridad desfallecerás tú, y también este pueblo que está contigo, porque el trabajo es demasiado pesado para ti; no puedes hacerlo tú solo» (Éxodo 18:17-18, LBLA). Jetro le recordó a Moisés que delegara sus tareas para que pudiera concentrarse en lo que debía hacer.

Al igual que Moisés, no se supone que nosotras lo hagamos todo. Cuando nos encontramos tratando de salir adelante con las tareas pesadas, casi siempre se produce a expensas de nuestra felicidad. Tengo un par de amigas que se intercambian cosas en sus vidas que detestan hacer en realidad. Una le tiene aversión a servir de chofer en los viajes compartidos, y a la otra no le gusta hacer la tarea con sus hijos, ¡así que se intercambian! Las dos son más felices porque no se atascan haciendo cosas que no les gusta, sino que hacen cosas que disfrutan. Y esa felicidad se transmite al resto de su familia.

¿Cuáles son las tres tareas más pesadas para ti? Luego, escribe las formas en que puedes delegar esas tareas pesadas. Incluso, si no tienes el presupuesto para esto, sé creativa y piensa en algunas maneras en que puedes dejar de hacerlas. ¡Te sentirás más feliz después!

LA MUJER SABIA EDIFICA SU CASA

De vez en cuando, me siento frustrada con mis hijos o mi esposo, y en ese momento en que estoy a punto de perder los estribos, a menudo el Señor me trae un versículo a la mente. «La mujer sabia edifica su casa, pero la necia con sus manos la derriba» (Proverbios 14:1, LBLA). Ese versículo me sirve de plomada para que recuerde que como la mujer de la casa (en mi caso, la *única* mujer de la casa), puedo establecer el tono emocional.

Tengo la opción en ese momento de permitir que mi frustración salga y molestar a todos los demás en la casa (en esencia, derribar mi casa). O puedo usar el dominio propio al lidiar con mis propias frustraciones y seguir edificando mi casa de la manera en que Dios desea que lo haga.

La mujer sabia edifica su casa con sabiduría, conocimiento y una fortaleza extra del Espíritu Santo. Cada día hay un millón de razones para frustrarse. La mujer sabia distingue la diferencia entre un inconveniente menor que se puede pasar por alto en favor de la felicidad y la paz de la familia, y un problema serio que se debe abordar. Las mujeres sabias no arman un lío de cosas pequeñas.

Cuando llega la frustración (¡y créeme, llegará!), lo que hagas con esa frustración puede resultar en agregarle vida y paz a tu familia o quitársela.

¡Seamos mujeres sabias con nuestras palabras y acciones!

Dedica un tiempo hoy para reflexionar en que Dios siempre puede edificar de nuevo lo que derribamos. Luego, pasa un tiempo en oración pidiéndole a Él que te ayude a recordar que debes ser una mujer que decide edificar su casa.

EMPIEZA BIEN

Debido a que no soy madrugadora por naturaleza, me preparo para el éxito la noche anterior. Dejo el café preparado para hacer, les alisto la ropa de la escuela a los niños pequeños, y yo me ocupo de cualquier otra cosa que deba hacerse a primera hora de la mañana. (Esto podría ser firmar un permiso para una excursión de la escuela, un cheque que necesito hacer, etc.).

Si no me preparo para el éxito la noche anterior, mis mañanas son caóticas y agitadas, y todos comienzan su día en un extenuante desastre. Esa es una manera terrible de comenzar el día.

Todas tenemos partes de nuestro día que nos hacen perder la paciencia. Tengo una amiga que cree que el final perfecto de cada día es un baño tibio y una suave luz de las velas. Sin embargo, con demasiada frecuencia entra al baño de su habitación al final del día para descubrir que los juguetes, accesorios del cabello y la ropa de su hija están esparcidos por todas partes. Eso pone a prueba cada gota de su paciencia.

Por tanto, ¿qué hizo? Dedicó una parte de su clóset para poner los accesorios del cabello, un lugar debajo del lavabo para los juguetes de la bañera y un cesto para la ropa. Al cabo de solo un par de días con el nuevo sistema, disfrutaba de la paz y tranquilidad que necesitaba al final del día. Estaba siendo un ejemplo de lo que el libro de Proverbios dice que debe ser una mujer de carácter noble. «Está atenta a la marcha de su hogar, y el pan que come no es fruto del ocio» (31:27).

A veces, la clave de la felicidad es una poca (o mucha) organización. Dedica tiempo a hacer las cosas pequeñas que sabes que reducirán tu estrés. ¡Te sorprenderás de lo mucho que mejorará tu vida!

¿Qué puedes hacer a fin de prepararte para tener menos estrés y más felicidad cada día? Escribe una o dos cosas pequeñas que puedes hacer hoy para comenzar.

QUÉ DEFINE EL VERDADERO ÉXITO

Alguien me preguntó una vez cómo quería que me recordaran.

—¿Quieres decir, como en mi funeral? —le dije.

—Bueno, no exactamente, pero sí, más o menos —me dijo riéndose—. Después que te vayas, ¿qué quieres que la gente diga de ti sobre quién eras como persona?

La respuesta era fácil.

—Quiero que las personas digan que fui una mujer que obedeció a Dios y que amó como se debe a los demás —le dije.

En el mundo de los negocios, el éxito se mide por la eficiencia con que alcanzas tus metas. Creo que lo mismo puede ser cierto de la vida. Sin embargo, nuestras metas en la vida no se pueden medir por la riqueza y la fama, pues no conozco a nadie que quiera que le recuerden solo por la cantidad de dinero que tenía en el banco. La Palabra de Dios nos recuerda cómo se define el camino hacia una vida próspera: «Este libro de la ley no se apartará de tu boca, sino que meditarás en él día y noche, para que cuides de hacer todo lo que en él está escrito; porque entonces harás prosperar tu camino y tendrás éxito» (Josué 1:8, LBLA).

La mayoría de las personas desean que sus vidas cuenten para algo. Quieren marcar una diferencia en el mundo. Quieren saber que tienen un propósito, y quieren tener éxito al vivir ese propósito.

Para mí, el éxito es obedecer a Dios en todas las cosas. Significa ser fiel mientras cuido de lo que me confió Dios; es decir, mi esposo, mis hijos, mi familia, mi llamado y las amigas preciosas que me ha dado en esta vida. Si lo hago bien, pienso que las personas dirán que obedecí a Dios y que amé bien a otros. Y eso, mis amigas, es mi definición del éxito.

¿Qué es el éxito para ti? Escribe cómo quieres que te recuerden y, luego, conviértelo en la meta por la que mides tu éxito.

____

____

____

____

____

TERMINA BIEN

¿Alguna vez has escuchado la frase: «Termina bien»? Esta pequeña frase me ha ayudado muchas veces. Es ese pedacito de aliento que me recuerda que, sin importar cómo empezó mi día, siempre tengo la capacidad para terminar bien. Cuando la escucho, me viene a la mente la imagen de una corredora que tropieza cuando se dispara la pistola de arranque, pero en lugar de rendirse, se pone de pie y se vuelve a enfocar en la meta que tiene por delante.

Si eres como yo, nos resulta demasiado fácil concentrarnos en lo que nos fue mal a lo largo del día. Una fecha límite incumplida, un mal día para el cabello, olvidarnos de cargar el teléfono la noche anterior (¿alguien puede decir amén?). Si no tenemos cuidado, cualquiera de estas cosas tiene la loca habilidad de desviar nuestra atención de las metas que Dios tiene para nosotras hoy.

Nos engañamos con nuestros errores pasados y olvidamos el gozo que se siente al perseguir el propósito de Dios en nuestra vida.

Aun así, recuerda: el pasado no te define; te refina y te hace más fuerte.

El apóstol Pablo tenía esta misma actitud. En Filipenses 3:13-14, escribe: «Una cosa hago: olvidando lo que queda atrás y esforzándome por alcanzar lo que está delante, sigo avanzando hacia la meta para ganar el premio que Dios ofrece mediante su llamamiento celestial en Cristo Jesús».

La exhortación de Pablo a los filipenses, y a nosotras, era que siguieran su ejemplo y no se fijaran en el pasado, sino que continuaran avanzando hacia Jesús, a fin de terminar bien la carrera.

¿Cuál es la carrera que Dios te ha dado para que corras? Fijemos nuestra mirada en el premio que Dios tiene para nosotras en Cristo y terminemos bien. Ahí es donde se encuentra la verdadera felicidad.

AGRADECIMIENTOS

Mi Salvador...

Gracias, Jesús, por la vida, el propósito y la verdadera felicidad. Tú lo eres todo.

Mi familia y mis amigos...

Mark, gracias por tu incansable búsqueda de la santa felicidad conmigo, sin importar lo que la vida nos ponga en el camino. Tu firme apoyo y confianza en mí, en nosotros y en nuestro llamado me dan mucha fuerza. Te amo.

Justin, Jack, Joey, James y Jeremiah, nada de este lado del cielo me hace más feliz que ser su mamá, disfrutando cada día con ustedes, y todos los años de risas y locura. Mi corazón es de ustedes y me hacen sentir muy orgullosa.

Carol, gracias por sostener mis brazos cuando me debilité. Gracias por las horas de luchar conmigo por la felicidad y ayudarme a encontrar las palabras adecuadas para explicar lo que había en mi corazón.

Mis colegas...

Gracias, Laura Minchew, Carly Kellerman, Adria Haley y todo el equipo de *HarperCollins Christian Publishing* por su corazón, excelencia y visión. Gracias, Jenni Burke, por tu amor y asombroso trabajo.

Mis nuevas amigas...

Gracias por aceptar el reto y unirse a mí en esta misión para encontrar la felicidad santa. Mi oración y mi deseo son que estas palabras las ayuden a encontrar la felicidad en este mundo loco.

NOTAS

LAS RAÍCES DE LA FELICIDAD

1. Sue Shellenbarger, «The Power of the Doodle: Improve Your Focus and Your Memory», *Wall Street Journal*, 29 de julio de 2014, https://www.wsj.com/articles/the-power-of-the-doodle-improve-your-focus-and-memory-1406675744.

LA FELICIDAD ES UNA META QUE VALE LA PENA

1. John Piper, «God Is Most Glorified in Us When We Are Most Satisfied in Him», desiringgod.org, 13 de octubre de 2012, https://www.desiringgod.org/messages/god-is-most-glorified-in-us-when-we-are-most-satisfied-in-him.

DA UN PASO HACIA TU PASIÓN

1. Vivek Wadhwa, «The Case for Old Entrepreneurs», *Washington Post*, 2 de diciembre de 2011, https://www.washingtonpost.com/national/on-innovations/the-case-for-old-entrepreneurs/2011/12/02/gIQAulJ3KO_story.html?utm_term=.2d53bea9987f.
2. Biblioteca del Congreso, «Benjamin Franklin and Electricity», *America's Story from America's Library*, consultado el 19 de enero de 2018, http://www.americaslibrary.gov/aa/franklinb/aa_franklinb_electric_1.html.
3. Bill Murphy, Jr., «14 Inspiring People Who Found Crazy Success Later in Life», Inc.com, 24 de marzo de 2015, https://www.inc.com/bill-murphy-jr/14-inspiring-people-who-found-crazy-success-later-in-life.html.
4. Wayne G. Hammond, «J.R.R. Tolkien», *Encyclopædia Britannica*, 23 de noviembre de 2017, https://www.britannica.com/biography/J-R-R-Tolkien.

TUS CINCO FAVORITAS

1. Jim Rohn, Jim Rohn.com, https://www.jimrohn.com/.

¿EL AUMENTO DE $ 133 000?

1. Eric Barker, «Happy Thoughts: Here Are the Things Proven to Make You Happier», *Time*, 4 de abril de 2014, http://time.com/49947/happy-thoughts-here-are-the-things-proven-to-make-you-happier/

LA DISCIPLINA DE LA GRATITUD

1. Amy Morin, «7 Scientifically Proven Benefits of Gratitude That Will Motivate You to Give Thanks Year-Round», *Forbes*, 23 de noviembre de 2014, https://www.forbes.com/sites/amymorin/2014/11/23/7-scientifically-proven-benefits-of-gratitude-that-will-motivate-you-to-give-thanks-year-round/#36bf4640183c.

MUÉVETE

1. Ashish Sharma, Vishal Madaan, and Frederick D. Petty, «Exercise for Mental Health», *Primary Care Companion to the Journal of Clinical Psychiatry*, 8, n.° 2, (2006), p. 106, https://www.ncbi.nlm.nih.gov/pmc/articles/PMC1470658/.

TOMA EN SERIO EL JUEGO

1. Marc Bekoff, «The Importance of Play: Having Fun Must Be Taken Seriously», *Psychology Today*, 2 de mayo de 2014, https://www.psychologytoday.com/us/blog/animal-emotions/201405/the-importance-play-having-fun-must-be-taken-seriously; Lawrence Robinson, Melinda Smith, Jeanne Segal y Jennifer Shubin, «The Benefits of Play for Adults», HelpGuide.org, última actualización en marzo de 2018, https://www.helpguide.org/articles/mental-health/benefits-of-play-for-adults.htm.

RESPIRA PROFUNDO

1. Mark Divine, «The Breathing Technique a Navy SEAL Uses to Stay Calm and Focused,» *Motto*, 4 de mayo de 2016, http://time.com/4316151/breathing-technique-navy-seal-calm-focused/.

MUÉRDETE LA LENGUA

1. Deane Alban, «Serotonin Deficiency: Signs, Symptoms, Solutions», *Be Brain Fit*, consultado el 11 de enero de 2018, https://bebrainfit.com/serotonin-deficiency/.

PROTÉGETE DE LA MALDICIÓN DE LA COMPARACIÓN

1. V. H. Medvec, S.F. Madey y T. Gilovich, «When Less Is More: Counterfactual Thinking and Satisfaction Among Olympic Medalists», *Journal of Personality and Social Psychology*, octubre de 1995, 69(4): 603–610, https://www.ncbi.nlm.nih.gov/pubmed/7473022.

DA PARA SER FELIZ

1. Amanda MacMillan, «Happiness: Being Generous Makes You Feel Better», *Time*, 14 de julio de 2017, http://time.com/4857777/generosity-happiness-brain/.

LA GENEROSIDAD ES EL REGALO QUE NUNCA SE AGOTA

1. Donald Moynihan, «Virtue Rewarded: Helping Others at Work Makes People Happier», *News: University of Wisconsin-Madison*, 29 de julio de 2013, https://news.wisc.edu/virtue-rewarded-helping-others-at-work-makes-people-happier/.

LAS REDES SOCIALES CON PROPÓSITO

1. Holly B. Shakya y Nicholas A. Christakis, «Association of Facebook Use with Compromised Well-Being: A Longitudinal Study», American Journal of Epidemiology 185, número 3, 1 de febrero de 2017: 203–211, https://doi.org/10.1093/aje/kww189; Niraj Chokshi, «Want to Be Happy? Buy More Takeout and Hire a Maid, Study Suggests», New York Times, 27 de julio de 2017, https://www.nytimes.com/2017/07/27/science/study-happy-save-money-time.html.

DELEGA LAS TAREAS PESADAS

1. Chokshi, Niraj, «Want to Be Happy? Buy More Takeout and Hire a Maid, Study Suggests», *New York Times*, 27 de julio de 2017, consultado el 14 de enero de 2018, https://www.nytimes.com/2017/07/27/science/study-happy-save-money-time.html.

ACERCA DE LA AUTORA

Hola, amigas. Mi nombre es Alli. Mi esposo, Mark, y yo vivimos en las afueras de Nashville con nuestros cinco hijos y la única perra golden retriever que no le gusta atrapar los objetos que le lanzan. Me apasiona hablar sobre la verdad y el amor de Dios, a la vez que proporciono recursos prácticos que podemos usar para vivir la vida para la que nos creó Dios.

Escribo libros acerca de mis vivencias y las lecciones que he aprendido. Escribí *Breaking Busy* para ayudarnos a todas a tener una hoja de ruta de modo que vivamos con propósito y felicidad, en lugar de estar muy ocupadas y con presión. *Fierce Faith* es un plan de batalla para ayudar a las mujeres a combatir el temor, luchar contra la preocupación y superar la ansiedad.

Puedes unirte a mí cada semana en *The Alli Worthington Show*, un pódcast en el que entrevisto y aprendo de personas brillantes, y hasta hago un poco de entrenamiento divertido. Me encantaría que te unieras y escucharas.

Besos y abrazos,

Alli

SEAMOS AMIGAS

Qué gran viaje hacia la felicidad fue este. Gracias por participar. Somos parte de un grupo de miles de mujeres que buscan la felicidad santa, luchan por la alegría y caminan en la verdad. El siguiente paso es asegurarte de formar parte de una comunidad con mujeres de ideas afines, encontrar nuestras compañeras de batalla y seguir creciendo.

¡Puedes visitar mi sitio web en AlliWorthington.com para unirte a la diversión!